滄海叢刊
語文類

牆頭的梯子

馬哲儒 著

東大圖書公司

國家圖書館出版品預行編目資料

牆頭的梯子／馬哲儒著.－－初版一刷.－－臺北市；
東大，2003
面；　公分－－(滄海叢刊. 語文類)
ISBN 957-19-2676-0　(精裝)
ISBN 957-19-2679-5　(平裝)

850

網路書店位址　http://www.sanmin.com.tw

© 牆頭的梯子

著作人　馬哲儒
發行人　劉仲文
著作財產權人　東大圖書股份有限公司
臺北市復興北路386號
發行所　東大圖書股份有限公司
地址／臺北市復興北路386號
電話／(02)25006600
郵撥／0107175-0
印刷所　東大圖書股份有限公司
門市部　復北店／臺北市復興北路386號
重南店／臺北市重慶南路一段61號
初版一刷　2003年2月
編　號　E 85660-1
基本定價　伍元貳角
行政院新聞局登記證局版臺業字第〇一九七號

ISBN　957-19-2676-0　（精裝）

自序

時光如水，自從卸下成功大學校長職務，回化工系專任教授，到年滿七十，七年時間在不知不覺間就流過去了。在這一時段中，參與了不少專業工作之外的事，也常有寫篇文稿的機會。執筆時的心情難免有時輕鬆有時嚴肅，但篇篇都是用心寫的，讀之雖然不一定有味，棄之未免有點可惜。編印成一本小書，是希望有機會擠到一些氣味相投者的書架上去；也許在他們搬家時沒有被丟掉；也許若干年後，有人偶爾翻閱一下後，說：「啊，現在大家都認為對的，他那時就說過了！」若果然有這種機會，也是人生中一件值得慶幸的事。

本書完成最後校對時，正是二〇〇三年的元旦。媒體上充滿了反黑金和拼經濟的呼聲，社會的健康狀況並沒有比書中文稿撰寫時變得更好些。人與人之間隔著自砌的心牆，阻礙了交流、合作與進步。我是一個工程師，但總覺得問題的癥結在於社會整體的文化素質。人文與科技本是「你中有我，我中有你」的關係，其間不該有道牆。這本小書的出版，能發揮推倒那些心牆的功能嗎？做為一個搭在牆頭的梯子吧！使大家看到外面，目光可以廣些、遠些。站在高處，可以看到人間光明、美麗、可愛的一面；也可以找到未來發展的方向。

在文稿的整理編輯過程中，陳金雄校長、李金振主任、陳明雄老師、黃紹梅老師和吳福相教授都付出了不少心力。尤其黃、吳二位與我並非舊識；陳校長在接掌樹人醫護管理專科學校之初，百忙中仍為我接洽出版的事，至為難得。在此一併敬致最高謝意。

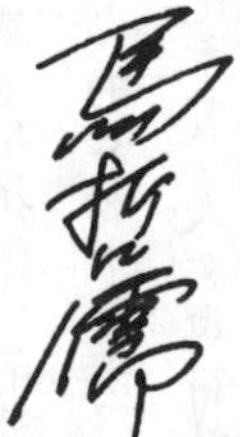

二〇〇三年元月一日

國立成功大學化學工程系

牆頭的梯子

目次

做事與為人

教育與改革

人文的關懷

咨爾多士 在民之中

一九九九年十二月中華民國斐陶斐榮譽學會《年會專刊》

中華民國斐陶斐榮譽學會是由全國學界菁英所組成的團體。為了稍補個人在對學會並無貢獻的情況下，獲得第二屆傑出成就獎殊榮的愧疚，謹將對我輩書生在今後社會中何去何從的一點淺見，借《年會專刊》一角篇幅就教於諸方家。

五十二年前，省立師範學院的黃素秋教授應附中宗亮東校長之邀作過一次演講。當時我是一個高中一年級的學生，對黃教授描寫部分知識分子的一首短詩印象深刻：「掉在生活的泥沼裡，有方向，沒有路。」他覺得，大家胸中雖有理想，但可惜待遇微薄，生活艱苦，都在養家活口的困境中掙扎而無法自拔。現在養家活口已經不成問題了，我們可以把黃教授的短詩改一下：「掉在功利的泥沼裡，迷失了方向，也迷了路。」

學界人士是士農工商四民之首的觀念，在分工日細，行行出狀元的現代社會中早已公認為陳腐。吾人所應追求的是在本身專業領域中的卓越，也要設法把所獲得的正確觀念與認知散布給社會大眾。由於專業成就而獲得的光環是摘不下也遮不住的，戴著這樣的光環參與專業範圍外的事務必有風險性，畢竟各行各業中都各有其自己的狀元。在知識真正普及的社會中，不應再有知識分子與無識分子之別。每一個人在自己的專業中都是專家。在專業範圍之外都要求教於另外的專家。如此的境界該是學界菁英們追求的目標。

把知識分子一竿子打為臭老九當然不公平。但吾人也應常加反省，自己的作為是否帶有些不很好聞的氣味？知識是利器，可用來圖公益，也可圖私利。如果運用得當，二者應可得兼。若挾此利器將眾人之失換取個人或小團體之得，縱使合法，也是罪惡。

我們唱「咨爾多士，為民先鋒」時，心中難免有一幅少數優越的「士」跑在前面，帶領著後面一大群無知的「民」的圖象。該是放棄領導者心態的時候了。士就是民，民也都是士。讓「咨爾多士，在民之中」吧！學界的菁英們！從先鋒的位置退到群眾中，才真能發揮使全民素質向更高層次提昇的功能。

你儂我儂的關係

一九九七年三月二十二日在成功大學蘇雪林教授學術文化系列講座之「人文與科學的對話」座談會中之引言

前言——搭在牆頭上的梯子

動物有許多求生存的本能，其中之一就是：佔一片空間作為自己的領土，並且盡可能地保衛它。人也一樣，在地圖上畫了許多界線：國界、省界、縣界……密密麻麻。但坐在飛機上往下看，只見山青、水綠、大海汪洋。那些界線呢？原來只是人畫在紙上的，並不存在於老天爺的心中。各行各業之間、學校裡的各系、各院之間，總是先砌上牆，把領土畫得清清楚楚，然後再說：啊呀呀！我們相互認識不足，應該加強交流。開個座談會吧！於是我們今天坐在這裡。仔細想想，那些界線和牆，是人造的，本非必要，也產生不了太大的功能。「人文」與「科學」之間，猶如鶯鶯與張生，本是你儂我儂，你中有我，我中有你的關係。這個座談會所扮演的角色，相當於搭在牆頭的一個梯子吧！

科學的特性與範圍

通常，我們談到科學，所指的往往是自然科學。自然科學所探討的是物的問題：包括活的動植物、死的岩石礦物；大至宇宙太空、小到原子核中的基本粒子。其目的有二：找出大自然的運作規律，使我們對它更為瞭解；並且讓它拉車推磨，使我們生活得更好。

科學，一方面代表從事科學工作者所做的事，另一方面也代表他們做事的方法和態度：知識的大海浩瀚無窮而人的能力有限。科學工作者追求的是真理，講求嚴謹的推理與證據；對自己能力與知識範圍以外的問題，不加臆測；對自己所確定為正確的資料，則傾向於加以量化。一些公認的科學定律，若經證實有不完美或錯誤之處，科學工作者願意接受經過修正的或是新的定律，並且欣然修正或改變自己的主張。

我們用科學的態度和方法處理自然科學上的問題，許多人文的問題，也是一樣，也是要用科學的方法和態度來處理的；雖可大膽地假設，但必須小心地求證，也一樣要不斷地創新、補充與修正。因此，社會科學也是科學。科學不只是狹義的只探討物的自然科學，而應是廣義的探討自然和人文現象的自然科學與社會科學的綜合體。因為人本是大自然中的一個成員，人的問題也是大自然中問題的一部分。

人文與科學的共同性

人文與科學不是對立的，中間也不可能有個明確的界線。就像一杯咖啡，其中的每一個成分是交溶在一起的，分了開來就不再是一杯咖啡了。處理人文的問題要用科學的方法和態度，才不會流於武斷牽強。研究科學的目的在於提昇人的生活品質，但是古今中外總有許多人喜歡在人的中間求分類、找差異。三十多年前英國有一位叫斯諾(C. P. Snow)的學者，寫了一本書叫《兩種文化與工業革命》，引起了許多議論。議論議論總是好事，就像拿著一個茶匙在咖啡裡尋找糖與奶精的差異，結果是愈攪愈勻。許多人討論性別之間的問題與差異，討論討論也是好事，真的把討論出來的結論，帶回家去對付自己的太太的大傻瓜還是不多的。

我的專長是在輸送現象、介面現象與成核現象方面，做過一些沸騰和冷凝方面的實驗研究。在思考這些問題時，覺得在人文方面也有類似的現象。這些物理方面的原理也可以應用在人的問題上：在探討熱量或質量傳送的問題時，若把熱量或質量的傳送換成財富或人口的流動，也可以得到類似的結論；由介面現象的觀察得知，我們是生活在一個不均勻的世界中，諸多的作用都是發生在相與相之間的介面上。在人文的問題中也是一樣的，今天的座談會就是人文與科學之間的一個介面，介面的作用不是阻礙，而是促進交流與瞭解。液體的沸騰和蒸氣的冷凝都是涉及相的變化的成核現象；它們的原理與人文的量變與質變，也是非常類似的。

科學與藝術

科學講求嚴謹的推理，並以實證求真。因為人的能力有限，現代的科學雖號稱發達，在浩瀚無窮的知識的大海中，也只是佔了一小部分，而且是一些較為膚淺的部分。科學是客觀的，很難用在要求主觀判斷的問題上。我們可以用科學的方法與知識來證實一件事或物的真或偽，但無法判定它的美或醜，這是藝術的範疇。詩、畫、音樂的美是難以量化的主觀判斷。人的身體上有幾種感官：眼、耳、鼻、舌、身，可以感覺到自然界的一些現象：色、聲、香、味、觸。如何把自然界的這些媒介充分地發揮，成為名畫、交響樂、高貴的香水、可口的菜餚、質地柔和的絲綢，使人產生美的感覺便是藝術。科學的方法可以為藝術家所用，使之發揮得更為完美。科學家有能力製造出最好的顏料、宣紙、樂器……但藝術的創作則非藝術家不可。如何在詩中看到畫、畫中看到詩或讓音樂的餘音繞樑三日是藝術意識的綜合發揮，更是

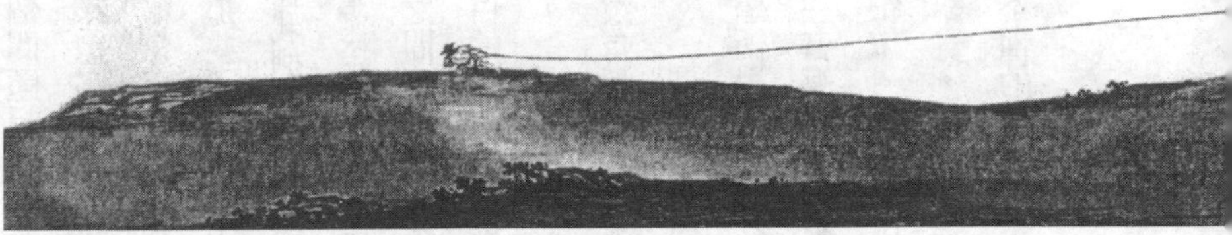

科學家所可望而不可即的。自然界尚有許多其他媒介，例如：磁場、紫外光、愛克斯射線……科學家已經在利用它們做很多事了，但人沒有能夠感覺到磁場的感官，因此也沒有一種以磁場為媒介的藝術。

上圖是我從一幅國畫中切割下來的一個畫面，有山有水，意境很美；而畫面的重心似乎在那根縴繩上，把縴夫的力傳到船上。我們在欣賞這幅畫時，難免會想到一個問題：縴繩的那一頭，應該綁在桅桿的頂端還是根部呢？綁的位置對了，自然會產生一種力學平衡的美。舵手操控著隱藏在水面下的舵板，江水在舵板上的沖擊與縴夫的拉力構成一組動態的平衡。科學的完美是藝術美的一部分，也是藝術美的必要條件。

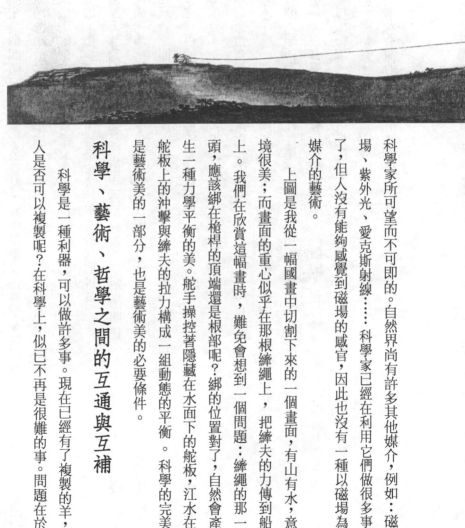

科學、藝術、哲學之間的互通與互補

科學是一種利器，可以做許多事。現在已經有了複製的羊，人是否可以複製呢？在科學上，似已不再是很難的事。問題在於是否該去做？這個問題超乎科學家的智慧，要由哲學家或神學家來解答。科學的進步使人類面對的這一類問題愈來愈多了。早年諾貝爾手中的炸藥，二次大戰末期開發的原子能，都為人類做了建設，也造成了破壞；在在使科學家們提出這樣的問題：人與天相處，自己應有如何的分寸？那些是可以做的，那些不能？要由哲學家或神學家給我們答案。

講到這裡，在我們腦中難免會浮現出一個大約是三角形的關係：左下方是科學，追求的是真；右下方是藝術，追求的是美；中央的上方是哲學（神學或倫理道德），追求的是善。我們在這個圖中並不必在三者之間畫上連線或界線，因為它們本來就應該是互通互補的。人也是一樣，世上不可能有百分之一百的科學家、藝術家或哲學家。每個人的裡面都有科學家的成分、藝術家的成分和哲學家的成分。一個從事科技工作的人，由於先天的個性或後天的訓練，科學家的成分應該較高，但並非完全沒有藝術欣賞或創作的能力，也並非完全沒有辨別是非善惡的能力，否則他就是一個科學怪人了。一個從事藝術工作的人，藝術家的成分應該較高，但也並非對科學知識完全沒有認識。古時，學術界的大師往往是全才型的人物，達文西就是一位眾所周知的例子；較為近代的如愛因斯坦，在音樂方面就有相當好的造詣。一般的人也是一樣，在一方面較為優秀的，在其他方面也不可能很笨。人原來就是生活在多元化的環境中。許多人為的界線，把人勉強地分類，並且製造出一些錯覺，使人認為：科學家一板一眼，不解風情；藝術家不修邊幅，率性而為；哲學家只講些別人不懂的道理而不諳實務；這是非常不幸的事。

科學與非科學的共生與共存

在一個天階月色涼如水的晚上，中國的科學家和他的家人閒坐在院子裡，媽媽講的是嫦娥奔月的故事；在風雪的聖誕夜，美國的科學家在溫暖的起居室中對他的小兒子說，把襪子掛在壁爐旁就上床去睡吧！等一下聖誕老人會從煙囱裡下來，把你想要的玩具放進去的。過了幾年孩子們大些了，自然而然地體會到這只是溫馨的童話，但誰也不會指責爸爸媽媽說了謊。再過了幾年後，他們還會把這些故事講給自己的孩子們聽的。三十年前已經有人登陸了月球，但嫦娥還是住在那裡，聖誕老人也會一直活在孩子們的期望中。神話是不科學的，而是生活藝術中的一部分，使人的日子過得多彩多姿，過得更美。

科學的進步並不能使人逐漸成為宇宙的主宰者，反而使人體認到人生在無限的時空中何其短暫渺小。科學並不能告訴我們，在浩瀚的未知中如何自處？航向何方？何處是岸？於是，包括許多科學大師在內，都到宗教中去尋求答案。宗教是超科學的。

科學的發達造成了知識與資訊爆炸的現象。每個人的能力都極為有限，在五花八門的資訊大海中，只能管窺蠡測，對自己本行的一小部分有若干瞭解，對於其餘的則所知不多。因為一知半解，便很容易造成錯覺與附會。在科學的真與偽之間，在藝術的博雅與庸俗之間，在宗教的哲理與迷信之間，失之毫釐、差之千里。抉擇之間，對每一個個人來說，靠的是他所受過的教育與修為；對社會的整個來說，靠的是全民的文化素質。

結語——文教優先，建設食有肉，居也有竹的社會

近來，社會上發生了一連串令人痛心的事件，騙、偷、殺、搶……，在在顯示我們的民眾素質上有些問題。大家難免都感嘆著文化與教育建設中失敗的部分。在八國聯軍、鴉片戰爭的時代，有識之士即指出，救國必先強民，國人之病在於貧、愚、弱、私。以後在動亂之餘，我們有幸在臺灣享受了安定的五十年，經濟建設的成果使國人已不再貧、弱，但近年來頻頻發生不幸事件，很明白地顯示著有多少的民眾愚、私依舊，仍然居住在怪、力、亂、神的精神違章建築中。雖是違章建築，還是先建後拆的好。先把高品味與格調的精神上的國民住宅建起來，誰還會留在陰暗的違章建築中呢？

在思考以上的問題時，難免會在心中描繪出一個社會發展歷程的示意圖（請見第二五四頁圖一）。在國家，安全受到威脅時，國防當然重於一切；在安全較為無慮之後，最迫切的問題難免是經濟建設，以便全民得以溫飽；在社會適度地富裕之後，跟著來的便是要滿足政治革新與民主化的需求；而教育與文化建設是最費時日而感覺不出迫切壓力的工作。因此便會產生這圖中所示的A、B、C等的落差。這些落差便是社會上各種問題與亂象的根本原因。當國民的素質尚有所欠缺的時候，雖然經濟上已經富裕，政治上也有了民主合理的制度，仍難以創造高品質的生活環境。

如果在一個社會中，教育建設和人民文化素質上已經有了相當的基礎，即使由於天災人禍，在國防上、經濟上甚至政治制度上受了一時的嚴重創傷，恢復起來也很快的，近世史上不乏實例。

解決當前社會上諸多難題的治本之道，是加速把這圖中所顯示文教建設落後現象的差距消除掉。文化與教育是國家建設工作中最根本的部分，關係著國民的素質，不能再繼續扮演配合者的角色，應該是提昇到最優先的地位的時候了。

工程師的文化

——救治諸多社會病象的一劑好藥

一九九九年元月十一日寫《中工高雄會刊》第六卷第二期

旅居國外的朋友們回來看一下之後常說，臺灣變得好快呀！這是一個快速變遷的時代。科技、政治、經濟上的動力，使我們的社會變得快；變遷之中有許多進步，也產生了不少的問題。各種的病象是大家都看得到的，也都在討論病根在那裡？結論往往是，社會是由人所組成的，其整體的健康取決於每一個成員的素質；而我們在文化建設和教育改革上的步調，似乎比經濟建設、政治制度、和科技研發慢了不少。如何是好？大家也提出了各種對症的藥。《中工高雄會刊》的讀者們應該可以同意，把工程師的文化擴散到社會的每個角落中去，就是一劑消除病根，救治諸多病象的好藥。

工程師是解決問題的人。我們因為職業上的關係，有設法解決問題的習慣。遇到難題要找出解決的辦法來。工程師不是製造問題讓別人去解決的人。

工程師是追求完美的人。我們的使命就是把每一個工程、每一件產品都做得盡善盡美，沒有瑕疵、沒有缺點。因此，工程師不會是破壞或缺失的造成者。

工程師是認真負責的人。因為工程的失敗往往導致嚴重的後果，所以工程師經常是以認真負責的態度面對每一項任務。我們不是社會上馬虎邋遢的角色。

工程師是是非分明的人。如果以錯誤的方法處理工程上的事務，必然導致失敗。明辨是非的能力是作為一個工程師的必要條件。遇到疑難的問題，工程師不去牽強附會，而有做正確判斷的能力。

工程師是守分守法的人。工程的進行，重視品質的管制；工作的程序一旦訂定後必須確實遵守。因此，工程師是慣於守分守法的人。

以上是筆者信手拈來有關工程師幾項特質，上述各種特質的綜合就是所謂工程師的文化。過去我們常把工程師喻為拉車的牛。不錯！我們是社會進步的一項原動力，但不應該是沒有聲音，也沒有意見的原動力。工程師在社會上不應該只是扮演牛的角色，而是要對這個車子前進的方向發揮適當的影響力；因為把工程師的文化擴散到每種行業、每個角落中去，就是一劑消除社會的病根、解除諸多病象的好藥。

文化的建設和教育的改革，不應該只是文化工作者和教育工作者的事，而是全民的職責；工程師們也應該負起應有的一分責任，也就是把工程師的優良文化擴散出去，影響青年們、小朋友們、政治領袖們、事業經營者、各行各業以及社會上的每一個成員；因為我們自己看來，這是一劑好藥。

迎接科技知能爆炸的時代

——以教育與文化化叢林為桃花源

一九九七年九月十七日《中國時報》及《國立成功大學校刊》第一八三期

近年來資訊科技的進步帶動了科技水準全盤性地快速提昇。新知爆炸性的成長應是全民之福，但也形成了對過去社會秩序的挑戰。倫理的規範、法律的約束能綁得住這隻日益強大的科技怪獸，讓它乖乖地拉車、推磨嗎？

科技的新知無窮而個人的時間與能力有限，於是難免造成許多人在自己的行業中是專家，在本行之外則近於文盲，學人文的不諳科技常識，學科技的人文素養貧乏的現象，以及忙於吸收新知而拋棄了珍貴的舊知識——新知的基礎和為人做事的基本原則——的現象。網際網路使假與髒的資訊氾濫，使道德、倫理與法律的盾牌不再能有效地保護人心中的脆弱面。這些現象使我們的社會化為一座原始叢林，充滿了愚、私、庸俗、欺騙與殘暴，能不令識者憂心？

民主化、自由化和資訊科技快速進步的衝擊，有促使法律的條文和倫理的認知不斷地自我調整，朝合於真理、真情的方向進步的功能。立法應該合於情理。若有一些事情，合情合理但不合法，或是合法但不合情理，表示法條有了問題，需要朝合於情理的方向修正。不合情理的和保護統治者與既得利益者的倫理規範，應該予以揚棄。倫理的原則要能使被規範者口服心服，否則電子布告欄上的聲音會難以抗拒的。

在討論色情資訊如何防堵的時候，是不是也應該思考一下一些傳統觀念的健康化的問題？求生存與傳宗接代是生物的本能，為了求自身的生存與成長，必須不斷地攝取食物；為了傳宗接代，也必須有性行為。吃和性的行為本來都是神聖而自然的事。佛家吃素是因為看到了吃的行為有其殘忍的一面，但多數人忽略了這一點，而隨著文明的進步，把烹飪藝術化、把飲宴禮儀化了。性行為則很不幸，多數人把它污穢化，不敢公開地講性的笑話，因為是髒笑話，而忽略了其神聖與自然的一面。放棄防堵的心態，利用資訊科技推行性教育，把傳統的觀念健康化，使青少年取得充分的資訊，病態的色情自然不會再有容身之地。禁止小和尚想肉的滋味是很難的事，有人說，有時候佛也會跳牆的。

欲使科技的怪獸馴服，把恐怖的叢林化為桃花源，要從教育和提昇全民文化素質的方向著手。過去，我們在經濟與科技建設以及政治民主化方面已經有不錯的成果，但教育與文化的建設顯然落後了不少；其間的落差應是社會上諸多不健康現象的根本原因。我們要培養社會大眾，包括青少年，在人文與科技兩方面有均衡的素養，有分辨資訊真偽的能力，有博雅的文藝品味。要能使每一個個體都很健康，有害的病菌才難以散播。過去的許多年，為了政經科技的建設，教育與文化一直處於配合者的角色，現在問題日益嚴重，是到了真正重視教育與文化的時候了。

摘下黑眼鏡 在心中寫本《愛的教育》

一九九七年八月十日以成功文化基金會董事長身分為《書心》寫序
（按：《書心》為此一基金會所贊助，以在學少年為對象之刊物）

和太太一起逛書店，在暢銷書的架上看到一本《愛的教育》。想起自己還是個小孩時，也看過一本同樣書名的書。就是它嗎？拿起來翻一下，啊！果然就是。多年不見的老朋友啊！封面上印著「紀念本書問世一百一十週年」的字樣。五十五年前，正是一百一十年的一半時，我上小學四年級，老師指定買了來看，是夏丏尊先生的譯本。當時得到一本書不是件小事，看了不只一遍。現在，書中的英雄、學者、小丑……又都從記憶中回來了。

《愛的教育》所寫的是十九世紀末，義大利的一個四年級小學生在一個學年裡的見聞。其中的人物，老師、同學、家長……沒有一個是絕對完美的，但都有他可愛的一面。書中的每一個片段都把人性的善良面描繪了出來；也用溫馨的筆調，敘述了校園內外的許多感人的小故事。

這本書中，沒有刺激、懸疑的情節，也沒有實用的資料；為什麼在問世百餘年之後、在目前的臺灣，依舊如此暢銷？因為其中寫的是眾多讀者，從小學生到老人家，心中所缺、所想要的。

它是當今充滿功利、權謀的讀物叢林裡的一條小溪，顯得格外清新脫俗。

十九世紀末義大利的社會，真的如此祥和嗎？當然不見得。在這本書中，我們也可以看到：幸運的孩子可以上學，不幸的就得掃煙囪；做老師的辛苦了一生，退休後的生活卻非常的清苦……。但是，《愛的教育》的作者，以一個四年級的小學生為核心，把當時社會中溫馨祥和的片片段段發掘了出來，並且寫了出來，流傳至今。

目前臺灣的社會，比起百餘年前的義大利來，不論在秩序、富裕、民主、自由、平等各方面，當然都要進步得多。在眾多團體、家庭和社會的每一個角落中，都存在著、進行著互助、互敬、互愛的事；像書中的溫馨片段，俯拾即是。稍加留意，在我們每一個人的心中、記憶中，都可以各自寫成一大本「愛的教育」。我們不需要戴上玫瑰色的眼鏡，刻意把世界染得可愛。只要把黑眼鏡摘下來，留意看一下，啊！世界上處處充滿了美麗的景象！

鍛鍊過苦日子的本領

一九九八年十月十日以成功文化基金會董事長身分為《書心》作序

年紀大些的人看到可愛的小朋友時，常會說：「他們真幸福啊！當年我們小時候，吃蕃薯籤、赤腳上學，日子過得多苦、多苦……。」現在的小朋友們比起幾十年前確實是幸福多了。

近年來，大家生活得較富裕之後，年輕人的結婚年齡反而晚了，小孩生得也少了。而醫學的發達使老年人越來越長壽，三四十年之後，必將形成一個高齡化的社會。看到四、五歲，衣食無缺，被照顧得無微不至的小朋友時，難免會想到，等他們長大的時候，每一個壯年男女平均起來要養活幾個老人？幾個小孩？他們會不會成為辛苦的一代？

現在年紀大的人，小時候赤著腳上學，在地上畫幾個格子就可玩得高高興興，不知什麼是名牌球鞋、什麼是電動玩具。之後，日子越過越富裕，當年的苦日子似乎並不真那麼苦，反而成了多彩多姿的溫馨回憶。

今後的世界會不會向反方向演變呢？世界上科技的進步雖然無窮，但天然的資源是有限的。目前全球人口中有很大的比例還處在飢餓和半飢餓狀態。他們也希望每天能吃到一粒雞蛋，擁有一支牙刷。資訊科技與交通、通訊的便利，使貧窮與富裕國家之間的距離越來越近了。我們現在的小朋友們，長大之後是不是就要面對這方面的挑戰呢？

看到許多可愛的小寶寶時，難免心生憂慮：他們會不會是將來肩挑重擔的一代呢？他們是否能鍛鍊得出過苦日子的本領呢？為他們祈禱吧！希望這些顧慮是多餘的。

生活中隨時隨地都是「通識」

一九九八年十一月二十三日為《成大新聞》所寫

中學階段的許多課程，世界各國都大同小異，是專家們規劃出來的；如果按部就班地學過一遍，考試也及格了，就具備了作為一個現代化國民的基本知識；以後進一步的學習，不論在專業方面或是通識方面，都建立在這個基礎上。可惜的是，由於聯考的關係，使我們的中學教育打了不小的折扣，其正常化的程度也因校而異，以致使非聯考的科目，學得都難免有欠紮實，因而也造成了高中先分組，大學再重視通識的現象，使得大學階段的通識教育更為重要。

對一個學生而言，應該在年輕時就養成除了執著於專業領域外，對非專業的各種事與物關心、感興趣的習慣。事實上，任何領域，入門的階段都是很有趣的，要等到學得深入時，才會遇到艱深的難題。

生活中隨時隨地都是「通識」的知識，只要稍加留意，就可以學到許多活的學問。例如在乘計程車時，可以與司機聊聊他營業的甘苦，聽聽他對改善交通的意見。在餐館吃飯時，也可試著估計一下他們每月的營業額，要支出多少人事費、房租和其他的開銷，以及老闆的利潤如何？前幾天大家都看流星雨，不論看到多少，都是一次蠻好的經驗；但事情過後，對流星雨的成因，大家瞭解的程度就因人而異了。

我乘飛機或火車時，若有機會與鄰座者聊天，喜歡談些他們行業中的問題。幾小時行程之後，總是有上了一課的感覺。前些時我在臺北，有一個下午的空檔時間，就到補習街的K書中心，花了五十元坐了約五小時，安安靜靜地爬了不少格子，也得到一次以前沒有過的經驗。不知道那些補習生，如果發現這個老先生，什麼考試都考過了，什麼文憑也都有了，還是在那裡孵豆芽，會有何感想？

「活到老學到老」是老生常談，但也確是一句有道理的話。在專業的領域中，學校裡學到的只是一些基礎性的知能，日後得靠不斷地汲取新知自我充實。通識的知識也是一樣，學校提供的幾門課只能幫助學生培養一點學習的興趣。如果年輕時不能養成時時學習、處處求知的習慣，等到老了時再想學，恐怕為時就太晚了。

不用方程式　試談自然科學之趣

一九九九年十一月《國立成功大學校刊》第一九一期

通識教育中心彭主任希望找一些比較資深的同仁開課，我是成大的LKK之一，自屬徵詢的對象。這是一件值得投入些心力的好事，於是開了一門「大自然的規律」，目前已進入第三個學期。彭主任這樣做，自有他的道理，但也難免有如何跨越代溝的問題需要克服。授課的內容，除了要讓比自己年輕十歲的教務長和年輕二十歲的彭主任覺得還可以之外，更重要的是要讓比自己年輕五十歲的學生們能夠接受才行。這門課開授的主要對象是人文與社會科學各系的同學，授課老師自身的專長雖然是自然科學，但不能站在海峽的一邊向另一邊喊話，而是自己要夠「通識」，能以人文與社會科學領域中一員的觀點，把一些自然科學的知識，烹調得帶些人文的口味，希望修課的學生能從其中攝取到一點營養。

在高級中學的課程規劃中，原已考慮到通識的重要性，如果每門課都認真地教過、學過，獲得了及格的成績，通識的基礎就應該打得相當不錯了。但事實上，由於升學的競爭，我們的高中教育在這方面做得並不夠好，在大學中不得不特別重視通識科目來彌補其不足。專才與通才不是相衝突的名詞，與通才對立的是偏才。大學裡要培養的是專才也是通才，但不是偏才。通識的學識靠的是終生的學習和吸收。在學校的通識課程中，需要給學生們的應該是一些學習的興趣與自信；也要讓學生們瞭解，每一個學術領域都有其有趣的層面和艱深的層面；如果不選為自己的專業，便不必涉入艱深的部分，而只需要享用其有趣的部分。

我們的教育界在多年前即體會到通識教育的重要性。我在擔任工學院院長時，夏漢民校長要工學院開一門社會科學的通識課程，我商請了建築系的徐明福教授主辦這件事。每星期請一位知名的學者來校主講，辦得叫好又叫座，非常成功。在同一時期，工學院也開了一門以文學院同學為主要對象的自然科學方面的通識課程，選課的同學稀稀落落，很令人失望。兩門課都是很認真地在辦，為什麼效果不同呢？這恐怕仍要歸咎於聯考的效應。許多投考第一類組的同學們，在國中和高中的階段對那些數、理、化的方程式已經倒盡了胃口，從來沒機會體會到自然科學中有趣的一面。為了這個原因，愛因斯坦曾經寫過一本《物理的進化》❶，全書中沒有一個方程式。他做得到，我也想試一下。讀愛因斯坦這本書，還是得有一些物理的基礎才能領略其中的要點，有時還需要把有關的方程式查出來看看才行。我與人文學系的同學們之間的距離，當然比愛因斯坦小得多，做起來應該也容易些。

本校每學期除了學期考試的一週外，實際上課十七週。我花了些時間為「大自然的規律」這

❶ Albert Einstein, Leopold Infeld合著，郭沂譯注，水牛出版社。

門課寫了十七篇講稿，每次上課前印發給學生。講稿的內容與上課所講的大致相同。也許有些同學會一面聽講，一面看我的講稿，因為看的速度比講的快，我還在講的時候他們已經看完一遍了。這樣，或許使上課的效果更好些。每個學期，我要求選課同學寫五篇以上的心得報告，字數長短不拘，但希望其中有些自己的見解。

在這十七篇的講稿中，首先說明通識知識的重要性。在今後知識爆炸時代中，建立胡適先生所說的個人為學的金字塔越來越難，基礎性的通識學識便變得更為重要。其次再討論人文與自然，科學與藝術，以及基礎與實用的學識之間，你中有我、我中有你的互補關係；每一個人的專長或是每一種行業中都或多或少地含有這六種成分。大自然浩瀚無窮而人的能力有限；因此，人不可能征服大自然，而是要去瞭解大自然的規律，並且學著去適應和愛護自然的環境。許多自然界的現象與人的社會中的現象很類似，可以作為處理人文問題的借鏡。在最後的幾篇中，也把一些日常生活中常見的事物和常提及的話題加以分析介紹。講稿全長共約十幾萬字，雖經一再修改，但內容仍欠精緻。或許這樣就可以了，若過分嚴謹，讀起來像學術論文，反而達不到通識教育的目的。

覺之教育的果實　華梵文化的種子

——給華梵畢業同學的祝福

一九九九年六月十二日在華梵大學畢業典禮中之講詞

萬分榮幸，能有機會來向諸位畢業的同學們致賀，也向曉雲導師、馬校長以及華梵大學的諸位老師致賀。畢業是人生另一個新階段的開始，祝福每一位畢業同學在今後的人生中幸福、快樂、成功。

我在比諸位同學還年輕的時候，喜歡看武俠小說。那個時代的小說往往有一些標準的情節：故事的主角上山學道，師父的法力高深莫測。一天，把他叫來，說，你可以畢業了，給你幾件法寶，帶下山去替天行道，但萬不可有任何損及師門清譽的行為。於是一本行俠仗義、除暴安良的小說就展開了。

諸位同學在就學期間，用功向學，每一門功課都得到夠好的成績。這些，是基本的，是在自己所選擇的行業中應有的學識和能力。除此之外，在走下大崙山的時候，還是要帶些師門的法寶。

那是什麼？是華梵的精神和華梵的文化，是貴校以「覺之教育」的理念所培育的慈悲心與智慧心。同學們帶著胸中的學識和能力，以及師門的法寶下了大崙山，散布到各行各業中，也散布到臺灣、甚至世界上的每一個角落去。每一位都是行俠仗義、除暴安良的種子。換句話來說，就是當一個做好事的人，做正確事情的人，是一個為了消除社會上諸多病象而出力的人。該做的事太多了，世上需要幫助的人也太多了。都在那裡？先要發掘出來，再一一地去處理。觀世音菩薩有各種的塑像，其中之一是千手千眼觀音，也許就是因為世間需要做的事太多了，得以千眼才能一一地找出來，得以千手才能一一地完成。每一位華梵人，下了大崙山之後，個個都是觀世音菩薩的椿腳，也都是千手千眼的分身，因為世間該做的事實在太多了。

我們生長在一個快速變遷，也充滿了矛盾的時代裡。科技的進步和資訊與交通的便利，使許多人與人之間的疆界淡化模糊了，國際化是各行各業今後發展的必然趨勢。大家都會在世界性的遊戲規則下，與地球上每一個角落的同行們有交流、有合作也有競爭。但，在進入一個天涯若比鄰的時代的同時，也產生了比鄰若天涯的不幸現象。疆界的透明化使人失去了受到保護的安全感，於是建造起更厚、更不易穿透的繭，躲在裡面。世界各地，在各種宗教、民族、國家、族群……等界線的兩側，也出現了許多人為的、強化了的對立與仇根。當我們談到這些令人無奈的問題時，難免會覺得這都是人的素質的問題。是不是文化和精神的建設，落在科技進步的後面了？華梵人慈悲與智慧的力量，能否對因為科技與精神建設間的落差所造成的病象，產生一些療效？

有了華梵人的慈悲與智慧，要能跳到高處，看到許多世界性的大問題。文化與精神建設落在科技進步的後面，是一個大問題。消除貧窮與飢餓，使未來的世紀中，世界上的糧食供應無缺是一個大問題。如何防止全球溫室效應的惡化，也是一個大問題……。我們不能認為，華梵不是一個很大的學校，我們的力量單薄，這些大問題只有留待有大法力的人去處理吧！這樣的想法是不對的。因為無私無我的慈悲心就是有威力的法寶；也唯有無私無我的人，才對世界上共同性的大問題最為關心，最願意為了解決這些問題貢獻心力。

有了華梵人的慈悲與智慧，也要能接近社會大眾，以便在自己的周遭發現需要做的事。常見的觀世音菩薩的像，都會使人產生慈祥可親的感覺。這或許就是一種刻意的化妝或包裝，使人覺得：這一定是一位有求必應的菩薩。於是大家才會自動自發地求，也才有機會為千千萬萬的人服務，解除他們的困難，滿足他們的需求。平易近人的形象，是一項為社會大眾服務的重要條件；但不論多麼高明的化妝或包裝，包在裡面的，必需是一顆無私無我，慈悲智慧的心，這也就是貴校覺之教育的首要目標。

我們生長在一個知識爆炸的時代裡，科技的進步日新月異，使各行各業的每一個成員都得不停地學，忙著吸收新知。於是，便產生了無暇涉獵離本身較遠的領域，在本行中是專家，本行之外知識窄化，猶如文盲的現象。因此，科際整合也是今後一項必然的趨勢。大家都不能被自己的專長領域限制在一個小框框中，要能跳得出來，要能把自己的手，伸進各種不同的領域中去，接合成一個知能的網，裡面有科技，也有人文。但是，這個科際整合的網中，如果沒有精神的滋養，只是一個機械的架構；必須加入諸位同學從大崙山帶下去的法寶——慈悲與智慧的心之後，才能成為一個有感情、有生命、無往不利的知能之網。

我們祝福每一位畢業同學在今後的一生中快樂、幸福、成功。一個人成功的指標是什麼？其中要包括他擁有什麼、擁有多少。除了親情、友情、知識、財富、權位……等等，更重要的是要看他是否真的能享受他所擁有的、喜歡他所擁有的；能做得到的才是真正幸福快樂的人。喜歡自己的工作，能享受自己工作的人，才會在工作中得到快樂，積極進取而得失心不重、功利心也不重的人才能過得快樂、幸福，也才會是一個活得成功的人。

我在年輕時所看的那些武俠小說，往往都有一個標準的結局，就是大團圓。男主角、女主角都有如意的婚姻，從此過著幸福快樂的日子，就像今天這些覺之教育的果實，華梵文化的種子——諸位畢業的同學一樣。

發揚護理精神

——賀護理學系十週年系慶

一九九八年十二月二十三日寫《國立成功大學醫學院護理學系創系十週年紀念專刊》賀詞

十年前，在開學典禮上宣布來了一班護理系新同學時，立刻引發了一片熱烈掌聲。在男同學人數偏多的校園裡，一個只招收女生的系是非常受歡迎的。經過這些年來全體師生的耕耘，我們的護理系已經打下了堅實的基礎。現在，是展望未來發展方向，也是思考一下，大學裡的護理學系應是社會上怎樣的一個角色的時候。

人人都知道護理工作的神聖性，但對醫與護之間合作互補關係的認知，難免常有偏差。護理人員不應只是犧牲奉獻的配合者。大學的護理學系負有導正並提昇社會大眾心目中護理工作者的定位的使命。

護理是一個以人為主體的藝術，也是一種高難度的技術，裡面有深奧的學問。大學的護理學系負有鑽研的使命。

護理代表一種精神，也代表以關懷心和愛心處理問題的工作態度。護理人員以這種精神對待病患；大禹因為以護理的精神治水，才能成為工程師之祖；以護理精神教導學生的才是最好的老師；以護理精神治國的才是最偉大的政治家。大學的護理學系也負有將護理的精神散布到社會上每一個角落的使命。

欣逢十週年系慶，謹獻上一些期望和衷心的祝福。

四十年前的母校

一九九五年六月十七日刊登於《國立成功大學校友會訊》第四期

去年十一月校慶時，民國四十三年畢業的我們這一年級的同學們，辦了一次畢業四十年的返校活動。許多四十年不見的老同學聚在一起，難免談起當年的種種，覺得過去這四十年中世界變了很多，臺灣變了很多，母校也變了很多。其實當我們在學的那四年中，學校也是不斷地在變，在成長與進步中的。民國三十九年我們入學時，「臺灣省立工學院」有機械、電機、化工、電化、土木、建築六個系。我們一年級時曾經排著隊作為「臺南水工試驗室」成立典禮的觀眾和鼓掌部隊，當時怎麼想得到四十四年之後這個單位會達到現在的規模呢？民國四十一年把電化系改為礦冶系，就是現在資源與材料二系的前身，讓當時電化系一年級的同學升為化工系二年級乙班，於是化工系便成了雙班的大系；與我們同年級的電化系同學成了該系最後一屆的畢業生。礦冶系的成立也許與和普渡大學的合作有關。這一個合作關係對學校的發展有很大的幫助，不但獲得了不少的書籍、儀器和設備，也可以說是邁入國際化的第一步。過了幾年，如化工系的單元操作實驗室等等，就靠著美援的經費建立起來了。民國四十一年，各校招收僑生的制度也開始了，他們的衣著、舉止，與我們都有些不同，騎的是國外帶來的單車，把座墊抬得高高的。一位女同學的頭髮梳成平劇中牛郎的款式，外號自然而然地稱為牛小妹，頓使校園裡的氣氛活潑了起來。那時的僑生同學，尤其是從香港來的，學業成績平均起來比本地生好，英文程度好，經濟情況更是比我們寬裕得多。學校也因此又得到了一些美援，造了僑生宿舍，就是現在的勝四、勝五舍，當時應該也是進步過程中的另外一劑營養針。我們這一年級在學的四年可以說是母校成長快速的一個時期。民國三十九年入學時全校只有五百多名學生，四年之後的人數大概就上千了；助教的人手不夠，就找一些四年級的學生幫忙，我因此而得到一個改礦冶系一年級普通物理作業的工作；每星期都有習題，每題都要改，當時的教學工作確實是相當認真。

許多老同學聚在一起的一個話題是當年的課程和老師。學校重視實驗和實習，助教們很盡責，同學們做得也認真，長褲上的洞是做分析化學實驗時被藥品燒的。做有機化學實驗時，李立聰老師把她自己和蔡祖慈老師的舊尼龍絲襪剪碎了讓我們水解，得到許多純白色六角形片狀結晶(adipic acid)，很是有趣。在工業化學實驗中做過雪花膏（面霜）、肥皂、醬油……。把用豆餅做的醬油拿到廚房去，大廚師陳樣（金桑）嚐了說：「這是好醬油」，聽了比老師給高分還得意。每星期六要到機械系的工廠去，輪流做木工、鑄工（翻沙）、鍛工（打鐵）、車工、鉗工。女同學們的作品都比男同學的好，因為導工們幫她們忙的關係。學校還要求利用寒暑假到校外工廠去實習滿六個月才能畢業。我因為寒暑假中在家裡悶著也難過，都是出去實習，一共加起來有兩百多天，比學校要求的多很多。後來因為救國團成立了，假期中有其他的活動，比我們低的年級就改為要求到校外實習四個月了。

那時的同學們花在繪圖上的時間很多，如投影幾何，工程畫等等。為了希望拿高一點的分數，除了畫得對以外還要畫得好看。同樣的直線和曲線，怎麼樣才能好看呢？第一，畫面上要清潔，第二，工程字要寫得漂亮。同學們願意在繪圖上花時間，可能有另外一個原因，就是投入一小時的時間就有一小時的成果，較有成就感，就像現在同學們打電腦一樣；不像唸熱力學第二定律，唸之前不懂，唸了一天，還是不懂。

二年級以後的教務長是孫洪芬老師，他年紀很大，是秦大鈞院長的老師，三年級時選他所開的可塑體化學，可以說是當時的尖端科技。四年級時選普渡大學來的Dr. Doody的熱力學，只記得他請我們六七個選課的學生到他家去，就是現在的大學路二號裡面的宿舍，用紙盤子吃熱狗和洋芋片，初開洋葷，津津有味。

許多老同學見了面的另一個話題是當年我們多窮。只有小部分的同學可以領「工讀獎助金」，我很幸運地連續拿了四年；入學時是每月六十元，畢業時漲為九十三元，都差不多剛好夠伙食費。幫老師刻一張印講義的鋼板蠟紙可以賺一塊錢，我四年級時，電機系的姚靜波老師讓我刻他所擔任的化工系三年級電工學的講義，對當時的生活有很大的幫助。那時買襪子是一筆很大的開支，棉織的很不耐穿，補起來又費時費事，因此平時就光著腳穿球鞋。二年級時，我們那一班都選擔任有機化學的李立聰老師為導師，她請我們到她家裡去「導師談話」，買了些糖果餅乾招待我們。那是一棟在小東里的日式宿舍，位置在現在的迎賓苑附近，進門之後是要脫鞋的。一脫鞋才發現，別的同學都事先想到了，穿了襪子，光腳的只有我一個。老師談話時我們坐在窗臺上，兩只光腳無處可縮。她說：男同學們，讀書固然重要，服裝儀表也要注意……。講的不就是我嗎？真是無地自容。

那時的伙食是學生自己管的，伙食委員由選舉產生，同學們輪流擔任採買和監廚。採買的任務是兩位同學由一位廚師陪著到菜市場採購當天的菜，人人都力求表現，希望自己買的菜大家吃得滿意；有時是一塊肉，有時是半條魚，有時是青菜豆腐裡有少許的肉絲……吃飯時去得早的可以選到一塊瘦肉較多的肉，或是魚尾的半條魚，因為魚頭那半條骨多而肉少也。所謂湯就是加了醬油的開水，倒可以盡量取用。監廚的任務是早、中、晚三頓，在一定的時間去開倉庫，秤米，看著廚師洗米，洗菜下鍋。早飯煮稀飯的米要在前一日晚上秤了洗好，把洗好後的米的表面搖平，用手指在上面簽個名或寫個英文字再去睡。凌晨四五點鐘再起來，檢查了米的表面無誤，看著廚師下鍋之後還可以再回宿舍睡一覺。每到期中考或期末考的時候，晚上十點鐘左右有一頓宵夜的稀飯，裡面有肉和菜，是伙食委員們表現服務成績的機會，一次比一次做得好吃。

我們住的宿舍在現在化學系館的位置，是兩幢木造的兩層樓房，每個房間裡有八個榻榻米，住四個人。我找了一塊長方形的木板當桌子，讓它的兩個邊靠著房間的牆角，在木板唯一不靠牆的角的下面支一根木棒作為桌腳，這個克難獨腳書桌我用了四年，現在回想起來還對自己在沒有辦法的時候想辦法的本領頗感得意。宿舍裡，廁所之臭，令人難忘。畢業之後十來年，在美國遇到比我低兩班的機械系的同學李業智兄，他是香港僑生，我問他對母校印象最深刻之點是什麼。他的回答是：「那個廁所！那個廁所！」我們那房間的四個室友有一個公約：上廁所要脫了外衣只穿內褲去，出來後先到別人房間聊天十分鐘，把臭味散出去後，再回自己的房間。

校友聯絡中心葉主任為了出會訊，向我索稿，寫到這裡看看字數夠交差了，就打住吧；免得讓太太說：昨天我跟你說的話你都記不住，四十多年前的事反而記得那麼清楚，老了！老了！

老化學工程館憶舊

一九九六年十月二十日刊登於《成大化工系友會會訊》第六期

化工新大樓落成，把老系館中的書櫃搬過來之後，難免要先洗刷一下；擦掉溝槽中的集塵，不由得有一絲捨不得的感覺：這是老系館裡的「故鄉土」啊！

瓦斯槽和蓄電池室

老化工館是創校時最早的一棟建築，由其中的配置可以看出當時「臺南高等工業學校應用化學科」的規模和教學、研究的重點。每個實驗檯上都有瓦斯口和直流電源。為了供應瓦斯，在系館的右後方有個大型的儲槽，是化工系的地標，許多迎新、送舊、畢業……的相片都用它當做背景。現在，鄰近的樹木愈長愈高，由新化工大樓窗口隔著長榮路向下望過去，在枝葉掩映中的這個「一級古蹟」，似乎已失去了當年的氣勢。

當時的臺灣，因為有日月潭等水庫可以發電，工業電源充裕、電價低廉，因而重視電化學工業，在高雄地區設有鋁廠、鹼廠，也特別重視電化學的研究。在日字形系館前半的中央有一間獨立的小屋，是供應全系直流電的蓄電池室；裡面有一套整流器，地上排滿了鉛酸蓄電池，是一個接待來賓時的參觀點。後來，改作儲藏室；再後來，為了使系館大門內的景觀開闊些，就拆了，只把整流器的心臟，一個大型的水銀真空管，留了下來以「骨董」的身分睡在倉庫中。

瓦斯槽也好，整流真空管也好，都代表著母系當年在學術研究上的基礎，也反映著臺灣經濟發展過程中的滄桑。

幾度的擴充

在化工與電機兩個系館後段的中間原有一座木樓，是日治時代末期所造的土木館。光復後，土木系另造系館，這木樓一度作為學生宿舍之後，撥給了化工系使用，裡面的空間不小；但後來因為老舊，成了危樓，就在民國六十七年拆除了。

與美國普渡大學合作，並得到不少的「美援」，是成功大學發展史上的一件大事。因此而籌建的化工工廠，包括單元操作和單元程序實驗室，在民國四十七年落成，是臺灣最大的化工工廠，一直使用到遷入新建的大樓。

在賴再得老師擔任系主任的期間，爭取到在系館的右後方加蓋一排三層的樓房。這一次的擴建，使系內教授們研究空間不足的現象大為紓解。民國六十八年，在系館正前方的一排又加蓋了二樓。記得當時這是系裡的一件大事，每一位職員同仁都輪流擔任監工，以確保工程的品質。以後，因為大學部由雙班擴大為三班，學校將原為附設高工的木樓拆除改建為「機電化工程館」，化工系分配到其中的一二兩層。因此，自民國七十二年起，大學部一年級的同學在唯農大樓上課；二、三年級的教室和大學部的實驗室，除了單元操作和單元程序以外，在機電化工程館；四年級的教室和大部分教授的研究室則留在本館。過了一段時間之後，系內空間因為老師人數的增加又感到嚴重不足，於是一部分教授的研究室被分配到舊水利館和科技大樓。一個系被分散在校內各處，但正如《三國演義》中所說的「分久必合」，在遷入新大樓之後，這個四分五裂的時期才告結束。

噴水池和榕樹

在系館前面加蓋了二樓之後，在大門內樓梯下做了一個小噴水池。完成之後，我拜託化學系的馬水贈先生買了些吳郭魚放養進去；因為他就住在當時還是「兵仔市」的育樂街上，清晨買活魚較為方便，放進噴水池中以後也存活了不少。可惜的是，另外有人，大概是周澤川老師，又弄了些錦鯉來，就把我的吳郭魚都撈出去丟掉了，美其名為「掃黑」。他們都說錦鯉比吳郭魚好看，但我認為，古來大藝術家如八大山人、齊白石……所畫的魚蝦都是黑白的，未見他們有紅紅綠綠的作品。對於這個問題，若在系務會議中票決，投給吳郭魚的大概只有我自己的一票，就認輸吧！這是我因為曲高而和寡，在系裡的又一次的挫敗（另一次是關於系徽的設計）。後來，把蓄電池室拆除後，空間大了，就把噴水池擴大並且移到系館前半的中央。因為陽光充足，水中懸浮的綠藻生長得很快，使池水總是混濁的，系裡那麼多化工專家都沒能把過濾的問題解決。拖了幾年之後，遷入了新的化工大樓，就把這個問題丟給資源系了。

老系館前面的兩棵大榕樹，有人說象徵著系的興旺與昌隆。上面不時會出現個虎頭蜂窩，用石子打打蜂窩也是年輕的學生們難免會做的事。四十多年前，在系主任室管送公文的是一位年紀很小的女孩，她從樹下經過時被蜂叮得蹲在地上不敢動；當時有一位英雄，幫她把虎頭蜂打走了才獲救。這位小女孩就是圖書室吳小姐的姐姐。過了許多年之後，在吳小姐結婚的喜宴上遇到了，我告訴她當年那個英雄就是我；但她好像不太記得這事了，使我有點失望。

在兩棵大榕樹的中間有一棵姿態頗美的小榕樹，是十多年前王振華老師為了紀念他自己任教三十年，花了高價買來種植的。化工系搬入新大樓時，這棵樹不便遷移，盼接管的資源系多加愛護。

在系館後半的中庭，原來另有一棵榕樹，後來因為長得太大，根部影響建築的安全而砍掉了，在原地建了一個涼亭。我大學二年級的那年，歡迎一年級新同學的迎新就在這棵樹下舉行。記得那次，請系主任李立聰老師講話，她站起來，把為了辦這迎新會，系裡補助的一百塊錢的來龍去脈解釋清楚後就結束了。當時我覺得這篇演講詞並不很高明。過了四十多年之後，前幾天系裡的女聯會的迎新會上，同學也叫我講幾句話；我講過後自己想想，內容充實的程度也差不多。這就是年紀大了一些之後的「卻道：天涼好個秋」的現象吧！

我在成大的日子

一九九九年七月十三日《中華日報》第十六版〈我在成大的日子〉專欄

從民國三十九年到四十三年，我是當時臺灣省立工學院的學生，畢業十七年之後又回到母校任教，直到現在。算來我在成大的日子已經三十三年了。

讀者們也許想看一張我在學生時代的相片，但是你們不知道，那時有幾個同學買得起照相機？我當然也沒有。得到的幾張相片都是同學在系館暗室自己沖印的生活照。畫面中人多而小，如果印出來，我還得特別註明，那個模糊不清，瘦瘦垮垮的就是我。讀者們或許也想聽一些我當年交女友的故事。天呀！全校一共沒幾個女生，有女朋友的怎麼可能是我？那時，在本館，行政大樓，靠機械系那一邊的轉角處有一棵紅豆樹，就是「紅豆生南國」的那種紅豆。有時候會在地上撿到一兩粒，珍藏起來，留著將來送給女朋友。時間久了，幾粒紅豆也不知被忘到那裡去了。

四年大學生活的特色，第一是窮，第二是忙。那時大家都窮，但窮有大窮、小窮之別。宿舍是八蓆的日式房間，住四個人，沒有書桌和床。後來兩位同學買了竹床，另一位睡到壁櫥裡去了。有的買了小書桌，有的弄了張課桌椅來，我則佔據了一個牆角，找來一塊長方形的木板，讓兩個邊貼著牆，在唯一不靠牆的角下釘根木棒作為桌腳，這張克難書桌就一直用到畢業。睡在榻榻米上，也沒有比床上的同學矮了一級的感覺。實際上，在那時有許多與我年齡差不多，有能力，但因為家境比我更差而進不了大學的年輕人，正在更艱苦的環境中成長。過了一段時間後，有幾位也成了成功大學的同事，現在也到了退休的年齡。環境似乎並沒有真的把人埋沒掉。

當時，上課的時數多，又重視實驗與實習，助教管得也認真。一些繪圖的課，學分並不多，但作業很花時間。回想起來，日子不知是怎麼過的，居然有時間當伙食委員自辦伙食、演話劇、辦迎新送舊、籌備成立了全校第一個系會，還編了內容相當不錯的系刊創刊號。學校要求學生寒暑假要到工廠實習，滿六個月才能畢業，但我實際上去了八個月；因為出於自願，當然相當認真。現在企業界比較歡迎成大的畢業生，與早期的校風不無關係。

四年的大學生活，過得忙而充實。到了畢業的時候少不了照張戴方帽子的相片。那時心裡的打算是：這是我的最高學位，此後是人生另一階段的開始，不論找到什麼工作都得好好做下去。並沒有想到後來被留學的潮流沖到國外去的可能。

我在民國五十九年，一家四口回到母校。一回來就覺得這是一個舒適溫暖，可以定下心來做事的地方，於是就把全部心力投入在教學和研究上。上次成大校園裡辦雕塑大展，使我記起民國六十二年聖誕節，我們印在賀卡上這張兩個女兒的照片，那時成功、光復兩個校區之間還沒興建地下道，而是有兩個校門；這件不知是哪位藝術家的作品就放在校門之內，竟成為我們生活照的布景。

民國六十七年被任命為系主任，是我十五年行政工作的起點。行政工作使自己生活的圈子大了很多，見識廣了很多，也認識了很多朋友。雖然對個人的學術難免有些犧牲，但整體看來還是十分值得的。這十五年中夾著民國七十四年的一年休假。實際上並沒有真的休假，而是在原是沖洗相片暗室的辦公室中渡過無兼職的教授生活。有人說，這個小房間兩個人用，太擠了，也有人說，辦公桌面對著牆，風水不好；但我卻有「斯是陋室，惟吾德馨」的感覺。你們看相片中的我，不是蠻自在的嗎？現在這個房間屬資源系，又有人說是個風水不錯的地方。

最近幾年，不知道為什麼，我仍然好像很忙的樣子。忙使人過得充實，也過得愉快。以後，仍然還是「我在成大的日子」。

成功大學的另一個榕園

一九九九年二月二十八日《臺南四川同鄉會年刊》

幾十年或百餘年後，成功大學的安南校區將有一個觀光點，叫做第二榕園。

四年前與幾位好朋友遊臺南十二佃，那裡的大榕樹與成功大學榕園裡的大樹不同，葉較大，以氣根化為新幹，株連株，遮蔽了很大的範圍，若非特地指明，已難找到哪裡是祖株了。那時正是小榕果遍地的時候，順手拾了兩粒，回家後在一杯水中揉碎，裡面便懸浮了千百粒細小的種子，灑在一個飯碗大的小花盆中，讓小種子分散在土面上，我的育苗工作就開始了。

這個小花盆先是放在客廳桌上，每天灑些水，過了幾天居然出現了一些微小的綠芽。小生命需要水分也需要陽光，於是移到室外陽光最多的位置，每天看著它們長大。幾個月後，高的三、四寸，矮的兩、三寸，在這小盆裡太擠，到了分株的時候。於是倒出來，在水中把糾纏在一起的細根小心地分開。因為盆不太夠，大部分是一盆種一株，小些的就一盆擠兩株。記不得又過了多少時候，這些花盆又顯得太小了，使小樹看起來很可憐，於是再移植到一批大些的花盆裡，搬到辦公室外的走廊上，接受每晨的日曬。又過了大約一年多，這些花盆又顯得小了，因為我的榕苗本來不應該是盆中的植物啊！

有人說這些小樹要加以修剪才能成為盆景，我卻覺得樹要怎麼生長，還是讓樹自己來決定的好。樹的一生不是為了長給我們看的，如果它們長得舒服自在，我們看著也舒服自在，不必去修剪它們，只要提供充足的陽光、水、肥料和成長的空間就好了。我需要為這些小樹找一塊成長的土地，找一位有土地的人領養它們。這是一件難度很高的事，土地太珍貴了，而我這些小樹又不是高貴的品種，從來沒有修剪過，長得土裡土氣，沒有模樣。

感謝成功大學水工試驗所的許多同仁，包括黃煌輝所長和高瑞棋副所長，願意提供安南校區的一片空地，在今年植樹時，把這些榕苗栽種在實地上了。現在你如果去看，不一定找得到它們，因為四周的茅草比小樹還高；但等到幾十年或百餘年之後，我想它們的氣象就不一樣了，說不定會像成大的榕園，澎湖和臺南十二個的大樹一樣，成為一個有名的觀光點。

一顆大而美的種子

——賴再得教授對學術研究風氣的貢獻

一九九七年十二月十九日刊登於《追思——賴再得教授紀念文集》

我們在賴再得教授逝世約一週年的時候，舉辦一系列的紀念活動，是因為他是大家所公認的典範人物，生前的作為言行都值得後人效法。賴教授對國內學術及工程界有多方面的貢獻，尤其是在教育、對後進的提攜愛護和學術研究上最為眾人所稱道；若一一寫出來，篇幅會很大，應該大家分工，各選一個角度去寫才好。賴教授在學術研究工作上有非常高的成就。本文要談的只是除了他的這些成果之外，對以後國內學術界的影響和貢獻。在這一方面，也許只說簡單的一句話就夠了：「他是一顆大而美的種子。」

我們從成核(nucleation)的現象可以知道，許多涉及相變化的程序，如結晶、沸騰、冷凝……，都是以成核為起始的。以結晶為例，首先要使溶液達到過飽和的狀態。在過飽和度不高的時候，只有夠大的結晶才能成長，較小的都會被溶解掉。讓一個澄清的溶液產生結晶是很困難的，因為不論有多大的過飽和度，都是夠大的結晶才能成長，小的沒有成長的機會。因此，必須在這溶液中加入晶種（種子），相的變化才會開始。過飽和度愈小，所需要的晶種愈大。

在三十來年以前，臺灣的高等學府不多，資源貧乏，各校沒有很好的研究環境，學術研究的風氣也不盛，教授們的心力多花在教學工作上。那時，像是一個過飽和度不高的溶液，需要一些大顆粒的種子，使學術研究的相變化開始發生，也使幾所較具規模的學校朝研究大學的方向發展。當時的賴再得教授扮演的正是這樣的一個角色。他手上的儀器只是一臺毫伏電位計，用肉眼讀取上面所指的刻度，用手記下來，做極譜的研究。將研究的成果發表在國際學術期刊之後，他把論文的目錄用簽字筆寫在大張的白報紙上，貼在研究室的牆上。這目錄越來越長，一直拖到地上，使從門口經過的後輩們看到了，心中自然而然地會有：「這是我們的榜樣、努力的目標」的感想。

賴再得教授不用教條，不喊口號，也不加壓力，只是用實際的行動告訴後輩們：要做研究，什麼是學術研究，如何做學術研究。在資源貧乏、每學年只錄取六七個碩士班研究生的時期，他把購買儀器的經費，收研究生的機會和出國進修的機會都讓年輕的後輩們優先得到，讓他們有快速成長的機會。「鼓動風潮、造成時勢」是當年國民革命時期的口號，用來形容賴再得教授對學術研究風氣的貢獻，並不過分誇大。他在萬事只有起頭難的時代裡是一顆大而美的種子。凡是曾經有幸與賴教授共事過的，都難忘他的風範。

《播種者——石延平教授追思紀念文集》序

一九九九年十一月，時為財團法人石延平教授文教基金會董事長

石延平教授是一個成功的人。

他是一個在家庭生活中成功的人，是父母的模範兒子，是妻兒的模範丈夫和父親。

他是一位成功的益友，在許多人的心中留下難捨的友情。

他是一位成功的良師，學生與後進們感懷他的愛護與啟發。

他是一位成功的學術界先驅，在教學、研究、工程教育、技職教育和高等教育上都有不可磨滅的貢獻。

在他一生的每一個階段，都扮演著成功的播種者的角色：學生時期就是一位帶動同儕讀書風氣的高材生；當本身還在成長階段時，就開始把學術的種子播在周遭的泥土裡；功成名就之後更時時不忘播種者的使命。現在，當年播下去的種子有的已成為喬木，也是新一代的播種者，生生不息，蔚為學術之林。我們在欣賞林中諸多棟樑之材時，當記得原始的播種者。

在延平先生逝世週年時，我們曾編印了一本他的論文集，所記錄的是他在學術研究上涉獵之

廣與深，以及諸多的突破與創新；但尚未能顯現的是他在親情、友情和師生之情的層面，以及他為人處世的風範。因此，我們請與他生前交集較多的每一位，把這些寫下來，在這本追思紀念文集中流傳下去。

延平先生交遊廣闊，邀稿過程必有不周之處，是我們對他深感抱憾的地方。

懷念一位我所羨慕敬佩的好友

一九九九年十一月《播種者——石延平教授追思紀念文集》第五十六頁

我自幼眼睛就近視，記憶力又不好，看東西模模糊糊，看事情也模模糊糊。自從認識了大眼睛炯炯有神的石延平先生後，便羨慕、佩服他看東西、看事情的敏銳力，能夠看到裡面，看到要點，也看到未來；常覺得，事情只要按照他指出的方向做，就不會錯。

大學時代，他不但一直是班上的第一名，也是球場上的健將。楊家琪先生比我高四班，是化工原理的助教，手握生殺大權，我在他面前免不得怕怕的；延平兄雖然比我還低一班，與楊先生卻是球友的關係。

大學畢業後，我到聯合工業研究所任職，他則留校當助教。我實在也很想當助教，但因聽說只有學業成績在最前面的才有機會，沒有勇氣向系主任表示這個意願。到了一九六〇年，化工界出了一本Bird等三人所著的《輸送現象》，那時我是在美國選修這門課的研究生，正在那些大方程式裡奮鬥；而在同時，石先生是一位在成功大學化工研究所用這本書開課的青年講師。

我在美國待了十一年，一直與石先生保持連繫。其間，他在沒有碩士學位的情況下，以不到兩年的時間，在普渡大學閃電式地獲得博士學位，這是一項後繼者難以打破的紀錄。他一直鼓勵我回來，最後為我爭取到一年講座教授的高薪和一幢當時最新的宿舍。我們一家人回到臺灣來的時候，我內人原是預定到她自己的母校臺大任教的，石先生又設法安排她留在成大，為我營造了一個安下心來做事的環境；於是一安定下來，就是三十年。（一九七〇年迄今）

我回到成大的時候，石先生是工程中心的副主任。到校後先到工程中心的辦公室找他，再由他帶我到化工系見賴主任和幾位曾經受業的老師。過了兩年之後，賴老師轉任教務長，石先生接任系主任，我後來便接任工程中心的副主任。又過了六年後，王唯農校長請石先生擔任教務長，我又接任化工系的主任；再過了三年，他受聘為國立臺灣工業技術學院的校長，我又接任他留下的工學院院長的兼職。在成功大學共事的大部分時間，我都是跟在他的後面。

在不同的職位上都難免有些不好解決的問題或是不易作的決定。到了這種時候，都會想到石先生。往往一通電話，簡簡單單幾句，就可以得到滿意的答案。不光是工作上的問題，生活上的事也是一樣。例如回國後我們的大女兒正要進一年級，進什麼學校好呢？他的答案是：大多數的小孩進什麼學校，你的小孩就該進什麼學校，長大後才能適應臺灣的環境。貴族式的學校，物質環境雖然好，對小孩將來的發展不一定有利。這在當時真是幾句有遠見的話。

石先生自大學時代起，大部分時間都在成功大學，其間有一小段時間到新成立的東海大學去協助李漢英老師創辦化工系；在臺灣工業技術學院擔任了九年校長，最後又到海洋大學擔任校長而在任內過世。在工技學院的時期也好，在海洋大學的時期也好，成功大學，尤其是化工系的同仁，都仍然把他當做成功大學的一分子，隨時歡迎他回來，並且把他服務的學校當做一個北上時落腳的地方。他在工技學院的時期，辦工程教育研討會，編輯《中國工程學刊》，我都是一個積極參與的成員。成功大學的一些會議、考試和臺北校友會的活動都是向他借地方，在他的學校餐廳裡吃過數不清次數的飯。海洋大學的交通不像工技學院那麼方便，但因為有他在，就成立了成功大學的基隆校友會，也辦了一次熱鬧的聚會。我們的小女兒自海洋大學的海洋系畢業，因為畢業典禮與成功大學在同一天，我不能去參加。我內人與小女兒回來說，典禮後石先生請她們吃海鮮，從來沒有吃到過這麼新奇好吃的。我真遺憾錯過了這個機會，下次即使同樣的東西，滋味也不會一樣了。

石先生在學術上的成就，在化學工程、工程教育、技職教育和高等教育上的貢獻是眾所周知的。這是因為他在為學、做事上都能把握正確的方向和原則。一次聊天時，談到做研究，他說：「我們好像都在做習題。」以後，我便常把這句話講給學生們聽。研究工作，不論是理論或實驗，都要自問，我自己的創意是什麼？預期會有那些突破性的成果或貢獻？否則的話，做的只能算是大型的習題。石先生在為學和做事上，都是一個能從習題的制式程序中跳出來的人。

一九九六年三月下旬，在臺北的一個會議中與曾憲政兄在一起，他告訴我石先生住在成大醫院，並且說他不願宣揚。回到臺南後打電話到病房中去。他一再關照：不要去看他，也不要告訴別人。我於是遵辦。過了兩天，我再打電話去，告訴他三月三十日起我要出國一星期。聽他的語氣，一星期之後應該可以出院，回家休養一段時間就好了。我說，屆時再到家裡去看他。四月六日我們回到臺南，把較大的行李放在大門外之後，先去開屋子的門。過了一段時間後，內人在大門口叫，為什麼不出去提行李？原來那位幫忙家事的女士知道我與石先生的關係，把報紙上他過世的消息翻到外面，放在開門後最醒目的地方，我看到後真的呆了。事後翁鴻山兄說，三月二十八日到病房去看他，狀況很好，還笑說：「馬哲儒，叫他不要來看我，他就真的不來！」只有這一件是照著他說的做，卻是做錯了的事，真是終身遺憾。

徐武軍教授主編《化學工業導論》序

一九九八年八月

能有機會為這書寫序，是莫大的光榮。

二十七八年前，武軍兄與我先後回國，是同一個系裡的同事，也是同一個院子裡的鄰居。所不同的是，他並沒有把自己鎖在研究室裡，把在國外時的學術研究延伸下去，而是對工業界的發展高度地關心，也願意多所參與。這二十多年來，他走了不少的地方，做了很多的事；實務上的見聞與經驗，加上當年學術上的堅實基礎，都是武軍兄編寫這本大作的重要資本。

《化學工業導論》應該是大學化工系裡一門相當重要的課程。作為一個大學化工系的畢業生，有必要對世界上，以及自己國內的化學工業的概況有一個全盤性的瞭解。最近在幾次口試的場合，把一些新聞媒體上有關化學工業的熱門話題拿來問我們的畢業生，絕大多數都答得難以令人滿意。我們怎麼能抱怨社會大眾對化學工業的認識不夠呢？連我們自己培養出來的畢業生都不過如此！這顯示國內大學化工系的教育，在這一方面相當地失敗，我們身為教授的當然難辭其咎。武軍兄的這本書適時問世，正好滿足了這方面的需求。

國內各大學化工系的許多課程採用美國的課本，因為大部分的課程都是國際性的。我們的物理化學，單元操作的教材，和美國的或是世界其他各地的，不必有什麼不同；使用英文的教材可以為學生的外文能力打些基礎，也是好事。但是，化學工業導論是一門有地域性的課程，各地的化學工業，因為原料、市場、經濟和政治因素以及歷史背景的不同，都各有其特色。我們的學生不能只把美國書上的美國資料學到了，反而不瞭解自己周遭的現狀。早就應該有人為我們自己的學生寫一本《化學工業導論》了！

編寫教科書是一件高度服務性的工作，非常吃力，又難以討好。因為並非原創性，不能靠它來升等、得獎；國內的市場小，又拿不到幾文版稅。好在武軍兄已經到了對這些功利因素看得很淡的境界，投入了心力，換到的是對國內化工界和教育界的一分功德，未嘗不是一件非常划得來的事。

這本書向讀者們介紹全盤性及地域性的化學工業概況。這是一門活的學問，是會隨著時間不斷地演變的。因此，這本書也難免需要不時地加以修訂、補充、再版。每次的修訂都會使其內容更為精緻、完美而充實。這篇序文雖然寫得不怎麼樣，但我希望以後每次再版時，武軍兄念在老朋友的份上不要把它刪除，讓我有機會永遠分享一點他的光榮。

實至名歸　再積功德

——賀吳修齊先生榮獲國立成功大學名譽管理學博士

一九九七年十一月十一日名譽博士頒授典禮賀辭，刊登於《國立成功大學校刊》第一八四期

我們恭喜吳修齊先生榮獲名譽管理學博士學位，也恭喜國立成功大學和翁校長作了這個明智的決定。

吳修齊先生是一位成功的企業家。他成功的一個主要原因是能夠堅守忠、孝、勤、儉、守法、守信、守時和誠心的倫理信條。這些信條，大家都會說，但像吳先生一樣能畢生嚴守奉行的卻不多。他忠於國家，忠於他的顧客和股東；積極進取，勇於任事，果斷明快而有擔當；並且重視員工的權益；這些都是管理上的最佳精神力量。

大學在頒授一般的博士學位之前，要求候選人修習許多課程，通過許多考試，為的是使他們胸中累積足夠的學問，還要完成一篇有水準的論文。但對吳修齊先生，我們可以說：世事洞明就是他的學問，人情達練就是他的文章。他在實踐中已經累積了太多的學分，獲得這個名譽管理學

博士學位是實至名歸的事。

今天頒授這個名譽博士學位給吳修齊先生，也代表著成功大學和翁校長的一個呼籲：在高等學府中，我們除了要精研學理之外，也應重視實踐與力行，更不能忽略了為人處事的倫理原則。

吳修齊先生勤修佛學。學佛的人不重名利，只願能多積功德，造福眾生。他對國家經濟建設的貢獻就是造福全民的功德。今天在這裡接受名譽博士學位，並不是他個人需要這個頭銜，而是有更重要的意義：我們可以藉著這個學位的頒授，引導千千萬萬的人向吳先生學習；學習他奉行忠、孝、勤、儉、守法、守信、守時和誠心等信條的精神。如果對我們的社會能有一些影響的話，這又是吳修齊先生的一件大功德，也是成功大學和翁校長的一件大功德。

樂天敬業的養生之道

二〇〇一年三月十日寫《傳塗九九文集》序

得到為姚老師的《傳塗九九文集》寫篇序文的機會，真是莫大的光榮。

大家見到姚老師，或是談及姚老師的時候，話題常是老人家的養生之道，都說：「如果能學到其中幾分之一，就終生受用不盡了。」其實，大家該學的，是他的為人之道。

姚老師的千金家華女士參加的一個合唱團，去年年底前在成功大學的鳳凰樹劇場有一次演出；他坐在第一排中央，從頭到尾為每一個節目鼓掌，專心享受每一段的演出，不斷地說：好聽啊！好聽啊！姚老師真是一個快樂的人。如此快樂，如何能不長壽？擁有一顆快樂的心，就是最佳的養生之道。

記得十餘年前，姚老師被一個騎機車的年輕人不慎碰到，斷了腿骨，大家都以為有了年紀的人不易復元。但過沒多久就完全康復了，日常的運動仍是「走路」。為什麼好得這麼快呢？是因為他並不為這事生氣動怒，能原諒那個闖禍的年輕人。有如此的心胸，怎能不長壽呢？擁有一顆寬厚的心，也是最佳的養生之道。

姚老師在九十高齡時，仍可連續上課四小時而無倦容。到九十六歲時，才因子女們的請求，停止了授課。為什麼有這麼好的體力？因為會享受工作中的樂趣也。能以工作為樂事的人，如何會不長壽？擁有一顆樂業的心，也是最佳的養生之道。

姚老師生於清末，長在民初，學成後從政。從政之餘，在各高等學府兼任教職，最後在成功大學連續任教四十多年，作育英才無數。在所歷經的一個世紀中，雖然外界的風雲變幻無窮，卻能始終不為所動、不為所染，而潛心於財稅實務與學術研究，也能時時不忘對後輩的獎掖與鼓勵。這本文集就是累集的紀錄與見證。我們讀了，要學姚老師的做事，也要學他的為人；若能學到其中的幾分之一，也就終生受用不盡了，健康長壽自可隨之而來。

最後，我們除了恭賀《九九文集》的出版之外，也都要為這位福如東海、壽比南山的長者預祝百歲嵩壽。

《劉長齡教授榮退紀念集》題辭

二〇〇一年元月六日

有機會在《劉長齡教授榮退紀念集》中佔一角篇幅，是莫大的榮幸。長齡學長長我一歲，大學時代同年級而不同系。當時，他有個很傳神的綽號叫「不銹鋼」，現在沒幾人記得了，所代表的是孜孜不倦的求學精神，使我們那些破銅爛鐵自嘆不如，敬為模範。學術界，有的靠著幾分才氣而不肯下功夫；有的在一生的某些時段裡，下過點功夫，有了一些成就後，就懈怠下來了。但長齡兄不同，他的敬業精神從未出現過低潮，全心投入於讀書、教學、研究與工程之中。學生時代如此，到榮退前的最後一天，仍然如此。年輕些的教授們一談起來，都津津樂道於劉老師在水利界的諸多貢獻，也都以他為求學、做事的典範，他對後輩的影響是深遠的。我們深信，在榮退之後，這枝鋼樑仍會是不銹的，人也將永遠如其名。「長齡」者，獻身心於學術、教育與工程之齡仍將長長久久也。

偽創世紀

二○○○年十一月五日《成大化工系友會訊》第十期

人是生活在三度空間裡的生物。所謂三度，就是有長、寬、高的立體空間。有沒有二度空間裡的生物呢？不知道！因為我們不論用多麼靈敏的儀器都無法察覺出只有長度和寬度但厚度為零的生物。有沒有一度空間中的生物呢？當然更不知道了。我們這些生活在三度空間裡的人，看不到一度空間裡的一切，但可以想像那是怎樣的一種情況：可以是拉直了的一條線，也可以是一條彎曲的線。因為這線的直徑等於零，在一個非常小的，像一粒小米那麼大的立體空間中的線團裡，就可以有無窮的長度。在這一度空間裡的生物，沿著這條線向前走啊！走啊！辛苦地走了很久很久，也走不出這一粒小米的範圍，因為他們沒有二度或三度空間的觀念，無法想像除了沿著這條線向前走以外，還可以跳出去。其實，如果在觀念上想通了，跳出這條線，走到這一粒小米的範圍之外去，也不是難事。

諸位讀者，你們是不是覺得這種生活在一度空間裡的生物很可憐呢？是呀！但是你們知不知道我們自己也是一種生活在一度時間裡的可憐蟲呢？在我們的觀念裡無法想像在二度時間或三度時間中是如何的景象，只能沿著一度時間的線向前（也不知如何向後）走啊！走啊！生老病死、傳宗接代、民族的興衰、物種的繁衍……，走得好辛苦啊！億萬年的一度時間線若是繞成一個線團，就可以容納在一顆非常微小的三度時間裡。只可惜我們無法想像在二度和三度的時間中是如何的景象。其實，如果想通了，從一度時間的線上跳出去、再跳回來，應該不是難事。到長遠的過去或未來的世界中走一遭，多麼有趣啊！

諸位讀者，我這故事的主角就是一個由於偶然的機遇而想通了如何跳出這一度時間的人。是怎樣的機遇呢？我們可以不必深究，也許是不小心跌了一跤，也許是出了一次小車禍，或是一個蘋果正好掉下來，使頭部受到一下很巧的衝擊；反正所有的科幻和武俠故事都是這麼寫的。我們這位主角是個很深思熟慮的人，有了這麼重大的發現之後，他不敢隨便告訴人，只是自己放在心裡，因為實在太驚世駭俗了，宣布出來的後果真是不堪設想。

但是人總有沉不住氣的時候，尤其是在喝了幾杯之後。意外是發生在幾位學者在一個海鮮餐廳裡聚會的場合。在座的有地質學家、古生物學家，也有其他領域的專家，我們的主角當然也在其中。在這樣的場合，談的應該是些輕鬆的話題才對，但這些研究工作做得太久了的先生們真是不可救藥，一下子就又談起科學上的問題來了。他們討論到一個有趣的問題。地球上的生物都是進化而來的，最初是單細胞的低等生物，經過億萬年的進化才發展出目前世界上多彩多姿的動植物，包括我們人類在內。一個非常有趣的現象是：在地球發展的過程中有一個關鍵性的時間，在它之前，地球表面上完全找不到任何生命的跡象；在它之後，單細胞的生物，譬如大腸菌、草履蟲等等就出現了，而且數量和種類都快速地增加，以後便進化而成各種高等的動植物。這真是一個有趣的問題，為什麼在地球的發展史上會有這樣一個關鍵性的時間點呢？難道真的外星人來過一次嗎？大家百思不得其解。這時候，我們這位故事主角，大概因為多喝了幾杯的關係，顯得有點不耐煩了。他說：「乘著時光的機器，到那裡去看看就知道了。」說完就走進洗手間去了。

在座的那些學者們，誰都沒有把他這句話放在心上，生魚片吃多了，到洗手間去方便一下也是常有的事。但是，諸位讀者，你們一定猜出來了，他說的並不是一句玩笑話，因為他是一個想通了如何跳出一度時間的人，真的有能力「到那裡去看看」；但他並不真的需要什麼「時光的機器」，這麼說，只是因為用現在的語言無法表達他的意思而已；他走進洗手間去，是因為不願意在眾人面前突然消失，太驚世駭俗了。

我們故事的主角一下子就到了這群學者們所談的時間的關鍵點上。他站在汪洋的大海邊上，藍天、白雲、澄清的海水、潔淨的沙灘。陸地上有土有石，只是沒有花草樹木甚至苔蘚，水中浪花翻滾只是不見有魚蝦貝蟹。總之，沒有任何生命的跡象。他被這完全沒有生物污染的大自然美景驚得呆了。正是：

只見無涯清淨土，而無生老病死苦，也無勝敗與榮辱，無喜也無樂，無慮也無憂，無貪無嗔也無癡，無弱肉、無強食，也無蠶食與鯨吞，不見有：孜孜營營蜂釀蜜，密密匝匝蟻排兵，亂亂烘烘蠅爭血，是不垢不淨不生不滅的完美界。

也不知過了多久，他才從驚異中醒了過來。肚子裡覺得越來越不舒服，大概是剛才吃的東西不太新鮮吧！漸漸地，實在忍不住了，反正四顧無人，就在沙灘上解放一下吧。孫悟空在五指山上不是也留過一點紀念嗎？事後，肚子舒服了，一個大浪把他的排泄物捲入了大海，不見了。

「啊！我闖下大禍了！」他突然醒悟，突然驚叫。

「回去吧！」

還在高談闊論的這群學者們，只覺得我們的主角走進洗手間之後，過了兩三分鐘就出來了（這大概是因為在不同的世界裡，時間的尺度也不一樣吧）；只是他出來的時候，臉色大變，精神恍惚，語無倫次。大家當然解釋為「喝得過量了一些，畢竟年紀大了，酒量也不如前了」。

自從那天之後，我們故事的主角變成了一個精神不正常的人，有時自稱罪人，闖下了對不起全地球的大禍；有時又自稱創世者，全世界的眾生都要對他感恩。朋友們都不知道他受了什麼刺激才會變得這樣的。但諸位讀者當然知道真正的原因是什麼，也一定同意我的故事不得不這樣收尾：「因為他受到的刺激太大了，原來想通了的跳出一度時間的觀念和能力也永遠喪失了。」唉！真可惜。

（作者註：本文內容純屬虛構，對任何人若有冒犯之處，謹此致歉。）

做事與為人

漫談研究

一九九八年元月二十三日成功大學工學院 研究漫談與經驗交換座談會
一九九八年三月《成大工訊》第十八期第二至四頁

前言

「天下無能第一，古今不肖無雙。寄言紈褲與膏粱：莫效此兒形狀！」

——曹雪芹在《紅樓夢》中寫賈寶玉

「往常教子侄們讀書，就以他為戒，每人讀書的桌子上寫一張紙條貼著。上面寫道：不可學天長杜儀！」

——吳敬梓在《儒林外史》中寫杜少卿

把這兩段文字，抄來作為「前言」，用意是：我們要多看失敗的經驗，以免走到相同的路上去；成功的經驗是很難學的。坊間有許多成功人物的傳記，都很暢銷；但不知又有幾人是因為汲取了其中訣竅才諸事順遂的。人們作畫，很難表現出虎威之美；但若指著一隻狗對學畫的說：「不要畫成這個樣子就好了。」倒不是很難做到的事。歐院長叫我來講些過去的經驗，用意大概不是如此；但把自己過去在學術研究上成就不高的原因分析一下，是應該有些參考的價值的。

幾句老實話，不是客氣話

去年斐陶斐榮譽學會在年會中頒給我一個「傑出成就獎」。因為這是一個很高的榮譽，所以在拿到那個設計精美的獎座之後，不得不對自己過去的「成就」作了一個老老實實的分析，說的並不是客氣話：

在教學工作方面：我在一九七〇年回到成大任教，快二十八年了，一回來就當教授，不需要過升等的關，也沒有受過助教和講師的磨練。在教書時，和一些一步一步升上來的同事比起來，自己總覺得缺一些基礎、一些根，在教書的效果上難免要打相當大的折扣。

在行政工作方面：我兼任行政職位的時候，在工作上自認相當投入、相當用功；但在上層關係、臺北關係、媒體關係等方面做得太少；不然的話，學校說不定可以多得到不少的有形和無形的資源，這是頗為失職的一點。重要的行政工作，有一定任期，換人來做以互補其缺點，是有道理的。

在研究工作方面：這是今天座談的主題。我之所以不能有高成就有許多原因。其一是在數學和物理方面沒有下過足夠的功夫，沒有紮實的基礎。數學和物理不夠強，造成學術研究上的一個相當低的，難以突破的上限。最重要的還是因為把戰線拉得太長，涉獵的領域過廣，在資源、人力、自己的時間和能力都有限的情形下，看到什麼可以做的問題，都想去試一下，結果是在任何一個問題上下的功夫都不夠多，做得都不夠深入。

一個人做事的風格，應該與其過去成長的環境和過程有關。我自從大學畢業之後到現在，一直生活在研究機構和學校裡。早期，老闆派下什麼工作來，就做什麼；那位教授有獎學金，就做他所指導的論文；談不到什麼選擇，只有用功地做，認真地做。事實上那些工作也都很有意思，很好玩。其中最為枯燥的一段是做了六個月的煤的分析，測定水分、灰分的含量等等。在這一時段中我把分析的效率提得很高。例如：用當時的舊式的天秤，先稱坩堝的重量，再在坩堝中加入1.0000克的煤粉樣品（小數點後的第四位也是零），整個的過程只用60秒的時間。自己把手上的功夫練得這麼好，也蠻有挑戰性，蠻好玩的。慢慢地過了不少年之後，媳婦熬成了婆，自己成了教授，成了研究室的老闆的時候，這種不挑食的習慣也養成了。這本來應該算是一項美德，但也是一項在學術上一事無成的主要原因。

如果把成就當做縱座標，時間當做橫座標，曲線下的總面積代表累積的成就，那麼我的曲線

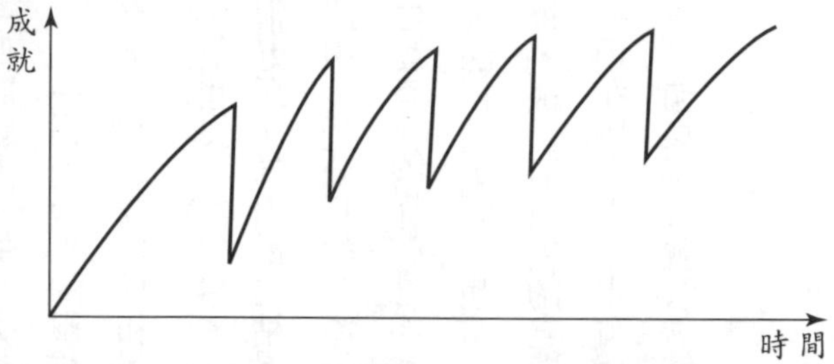

圖　一

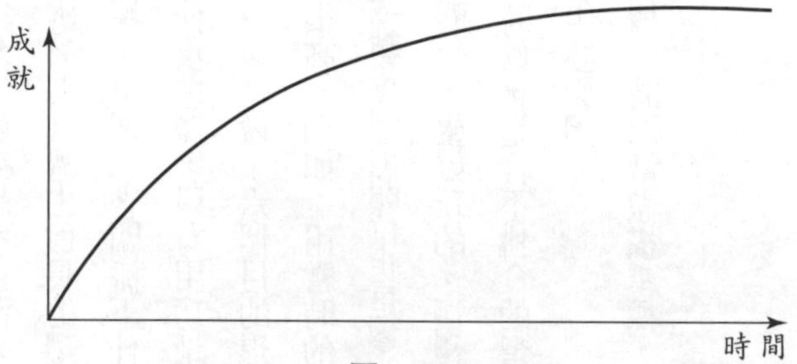

圖　二

就像圖一。開闢了太多次新的領域，每次在開始的階段曲線的斜率都很大。換句話說也就是往上爬得很費力，但曲線下面的總面積卻比代表另外一位先生的圖二小了很多；因為他不見異思遷，選定了一個領域就一直做下去，到了一定的程度以後，曲線的斜率小了，做得輕鬆愉快，但曲線下的面積卻能隨著時間而快速地增加。圖一和圖二是兩個高度簡化了的示意圖，實際人生成就的縱座標是多方面的，難以量化的；一個人一生中有多少成就，只能在上帝的磅秤上才稱得出來吧！

跳出做習題的框框

許多年之前，與石延平先生聊天，他說：「現在我們做研究，實際上是在做習題。」過了很多年之後我還記得他這句話。我們所做的研究，是不是只是一道比較難做的，前人沒有做過的大習題？在一個研究工作做完，得到一些結論之後，如果別人問：So what? 我們如何作答？在選擇研究題目的時候，是不是應該先考慮一下這個簡單問題的答案？

跳出為發表論文而做研究的框框

在學術界的大環境中，有不少成文和不成文的規則。國外有"publish or perish"的說法。國內拿學位、升等、得獎等等都要看有多少篇論文；為了重視論文的品質，又把期刊給予量化的指標。於是大家都有了明確的努力目標，就是多在高水準的期刊中發表論文，要「百尺竿頭，更進一步」；好像青少年們上進的路，就是進入最好的高中、大學，唸最熱門的科系一樣。

在這種上進的潮流中當然會有一些因落後而出局的，沉到河底或沖到岸邊的。除去這些不算以外，不知有多少是能掌握自己的方向的。一個問題，是否值得投入時間、資源去研究，應該由這個問題本身的價值，有多少學術上的開創性或是實務上的應用性來決定，而不是取決於完成之後可以寫成多少篇的論文。發表論文、取得學位、升等、得獎等等，應該是從事有價值的研究工作的自然而然的結果，而不是目標。

有些學者，在還很年輕時，就沒有被這個為發表論文而做研究的框框套住，有自己的興趣與努力的方向；也有許多，一生被套在這個框框中，想跳，但跳不出來，很用功，也有不少貢獻，但其成就難免有一定的上限。

研究的資源

從事研究工作難免需要各種資源，包括人力、空間、圖書儀器設備等等。我們一方面要能夠善用已有的資源，一方面也要能設法去獲得較多的資源。

在資源貧乏的時候，研究工作做得苦，但並非不可能產生高品質的成果；只是要多投入時間、多思考，以彌補資源的不足。對於能力比較平常的助手，可以讓他多做些例行性的工作，只要把時間投入進去，就可以有一定的成果出來，而不要給他久久不知如何下手的任務；對於創造力較強的助手，則要多給他自由發揮的空間，許多高品質的構想，往往是在互動激盪中產生的。

我們每一個系裡，資源都相當有限，較大筆的經費，較貴重的儀器設備一定要到校外去爭取。爭取外來資源的一項好處，是我們的研究構想或計畫需要經過一番審查和考驗。如果有人願意拿出大筆的經費來支持某一個研究專題，這必然是一個值得做的問題，是一個有機會產生有價值的成果的問題。向外去爭取資源的另一項好處，是可以多留下一些資源給年輕的、尚在成長中的同事。

研究的工具

現代人做研究，往往手上握有一些威力強大的工具，包括各種的儀器、電腦和數學。在這裡我把數學也視為一種研究的工具。對於工具使用方式的不同，我們可以把做研究的人分為兩類：第一類是心中先有一定的目標，有一個學術上的理論需要加以證實，或是一項實用的目的需要完成。他們把儀器、電腦、數學等等當做研究時的工具，選用適當的工具以達到心中既定的研究目標。達到這些目的之後的成果，在學術上或實用上必然有相當的價值。

第二類是將這些工具作為研究工作的重心。譬如手上有一臺研磨機，可以把固體磨成細粉。於是就拿各種的礦石來磨一下，把磨出來的成品樣本儲存起來，並且分析一下顆粒大小的分布情形，討論一下其與研磨時操作條件的關係，寫一篇報告發表在期刊上。至於所磨出來的粉末有什麼用呢？暫時還不知道。等到一旦有人需要用的時候，關於研磨的技巧，可以參考這篇報告。再譬如學會了某種數學上的技巧或方法，於是找出許多可以用這個方法去解的問題，一一地解出來，把解的過程與結果寫成論文發表在期刊上。至於所得到的結果有什麼用，也是暫時還不知道。等到有人需要的時候自然可以參考。我們在評審這一類的論文時往往會寫：成果的品質很好，有學術上或實用上的「參考價值」。

前述第一類的研究者，若以研磨為例，則是由於燒結某種陶瓷材料，需要一定細度的某種礦石，於是才選用適當的研磨機去磨出這種粉末來。他也可以把研磨的過程與結果寫出來發表在期刊上。但除此之外，他還達到了原定的目標，就是燒結所得的陶瓷成品。

隨處都是研究工作的好題目

科技的快速進步，使研究工作的好題目越來越多。過去，我們用舊的方法來處理舊的問題，也許到了一定的極限，很難再有突破性的進展。一旦有了新的方法或工具，當然應該拿來用在這些舊有的問題上。科技的進步，也會造成許多新的問題，這些問題可以用舊有的方法來處理，當然也可以用新方法來處理。在一個領域中常用的舊方法，對另一個領域來說也許是一種尚未採用過的，非常有用的新方法，一旦發現了，就應該借過來使用。新方法、新工具、和新問題不斷地誕生，彼此互動，就是科技進步的原動力。從事研究工作者要能在適當的時機抓住它們。所謂「江上之清風，與山間之明月，耳得之而為聲，目遇之而成色」；感覺敏銳的，自然而然地就可以享受它們。

我們都知道，動量、能量和質量的傳送有許多類似的地方。這些傳送的原理是不是可以應用到文化，財富或人口的擴散等人文方面的問題上呢？一些物理學家常用的方法是否可以拿來解決工程上的問題呢？為了太空計畫所發展出來的特殊材料是不是可以讓牙科醫師來用呢？這些方面的交流與相互學習，可以產生許多好的研究題目；當然也會使人類的進步，更為快速。

結語

今天我們談的是研究。從事研究工作，重視專精。但研究工作者也是人，人是一種多元化的生物，人生也是多方面的，因此，在自己所從事的研究工作上固然要求專精深入，但也切忌知識的窄化。我們在新聞上看到一些高級知識分子被騙的消息，或許就是這種知識窄化的後果。胡適所說「為學要如金字塔」的話，到現在還是蠻有道理的。一個人的一生有多麼成功，也是多方面的，事業上的成就只是其中的一面。當蓋棺論定之後，走到上帝的磅秤上稱一下分量的時候，許多其他因素，例如：是不是一位好兒子、好爸爸……，一生過得多快樂，有多少朋友……等等，都會算進去的。

怎樣才是成功的一生

一九九七年五月三日崑山技術學院化學工程科學術週專題演講

前言

今天能有機會到崑山技術學院專科部化工科，來對同學們講講話，感到非常高興。這是我第二次到貴科來。第一次是在二十六年前，那時我剛回國，在成功大學化工系任教；家岳父楊守珍先生已經七十多歲，自臺糖退休之後，到中國文化學院擔任化工系主任，同時也兼任貴科的主任，就叫我到兩處各作了一次專題演講，講的是我所研究的海水淡化的問題。還記得在走進會場時，同學們鼓掌歡迎的情形。過了二十多年之後，貴校已升格為技術學院，在教學品質、師資、設備、房舍、校園和學校規模各方面都有長足的進步。我要藉此機會，向每一位對貴校的成長與進步有貢獻的人致敬與致賀。

我們的青年朋友，都是求上進的，都願意追求成功。今天我想藉這個機會與諸位同學談談自己對於求上進和追求成功的一些看法。

一生的成功是各時段成功的累積

我們在想到求上進和成功的問題的時候，難免在腦海中浮現如圖一a的這樣一個圖形：把一生大致分成兩個階段：在前面的一個階段是努力、打拼、十載寒窗苦讀的時段，這時日子過得苦，沒有樂趣也沒有成就；等到時候到了，一舉成名天下知，哈！成功了，從此就可以過好日子了，不必再吃苦了。但實際的人生不是這樣的。中國古時候中了狀元以後的大團圓，是在京戲和歌仔戲裡演的，實際上，中了狀元以後去做官還是很辛苦的，結果坐牢和殺頭的也不少。西洋的王子和公主結婚以後，live happily ever after，是童話故事的結局；但實際上當國王和王后也是很辛苦的，最後上了斷頭臺的在歷史上也很多。

實際上，一個人一生的成功應該像圖一b那樣的圖形，是各時段成功的累積。在年紀幼小的時候，是一個多麼成功的小孩？是一個聰明可愛的，還是頑皮可厭的小孩？到了老年，是不是一位快樂而受人尊敬的老人？在青年和壯年時期，日子過得成功與否，大部分掌握在自己手中，但也會有一些由不得自己的部分；在年紀很小和很老的時候，自己能掌握的部分當然更少。

一個人的一生是否成功，應該看這個圖中起起伏伏的曲線下面的面積總和。追求成功就得設法爭取在每一個時段中，這條曲線的高度。過去的部分已經過去了，已經無可奈何了，未來的還沒有到，最重要的是掌握現在。在這裡所講的時段，可以是大的時段，例如上國中的時段、上高職的時段、當學生的時段、……等等，也可以是小的時段，例如昨天夜裡該睡覺的時候，如果睡得很熟，得到充分的休息，這個睡覺時段的成功度就可以得一百分；反之，如果失眠了一整夜，成功度就很低了。今天大家都坐在這裡聽我講話，每一位同學所得到的當然會有的多，有的少，這一個小時段的成功度就也有高下之別。這樣，許許多多小時段的成功度累積起來，就是這圖中曲線下面的總面積，代表著一個人的一生有多麼成功。

多方面的人生與多方面的成功

談到這裡，我們還沒有講明白什麼才能代表成功。分數的高下是不是就代表一個學生的成功？學歷的高低、職位、財富是不是就代表一個成年人的成功？這些都是其中的因素，但都不是唯一的因素，人生是多方面的，因此要爭取多方面的成功。我在圖二中列舉了代表一個人的成功或成就的一些因素，一定有另外一些重要因素被我忽略掉了，諸位可以幫我補充上去。這些因素當然也是相互有關的。在這個圖中，每一項的寬度代表其相對的重要性，而高度則代表這一個人在這一方面的成功度。因此，在粗黑線下面的總面積的大小，顯示這一個人在一個特定的時間多麼成功。因為這些項目的成功度會隨著時間有起伏的變化，所以一個人的整體成功度，便會有圖一b中所顯示的隨著時間變化的情形。

一個人最重要的是自己要過得健康快樂。我們在講一段演說的時候，在最後總是會說「祝諸位身體健康、精神愉快」，由此可見這兩點的重要性。達賴喇嘛到臺灣來的時候，有人問他人生的目的在追求什麼？他的回答是追求「快樂」。我想他的意思應該是，若人的一生中隨時隨地都盡量去做好自己認為該做，也喜歡做的事，自然會得到許多的滿足和快樂。使自己過得健康快樂，也許就是古人所謂在「修身」方面的成功吧！

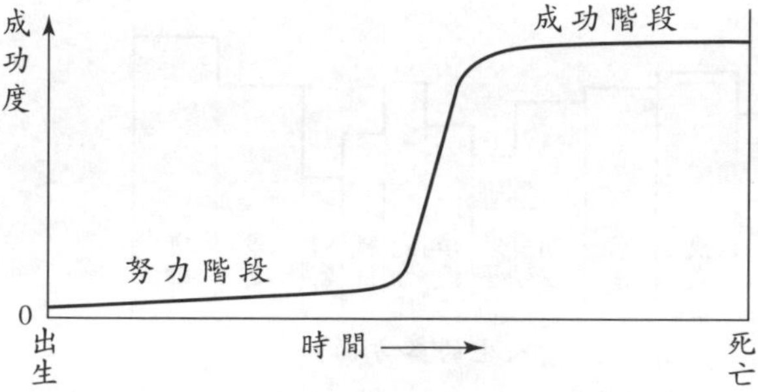

圖一a　錯誤的觀念

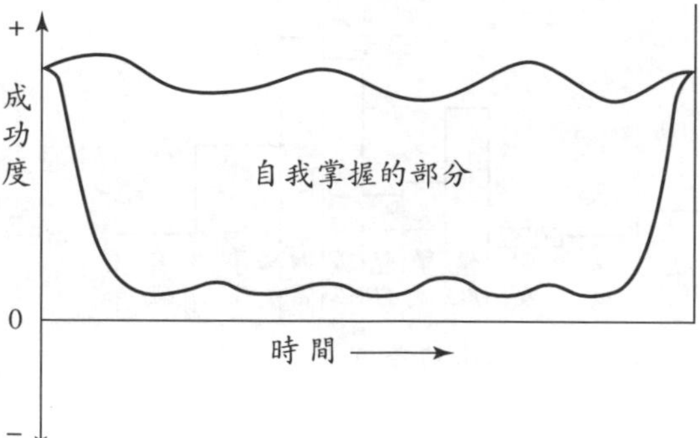

圖一b　各時段成功的累積

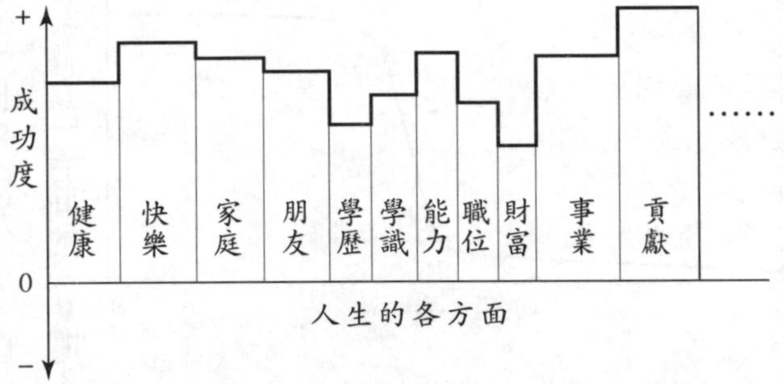
+
成功度
健康
快樂
家庭
朋友
學歷
學識
能力
職位
財富
事業
貢獻
……
0
人生的各方面
–

圖二a

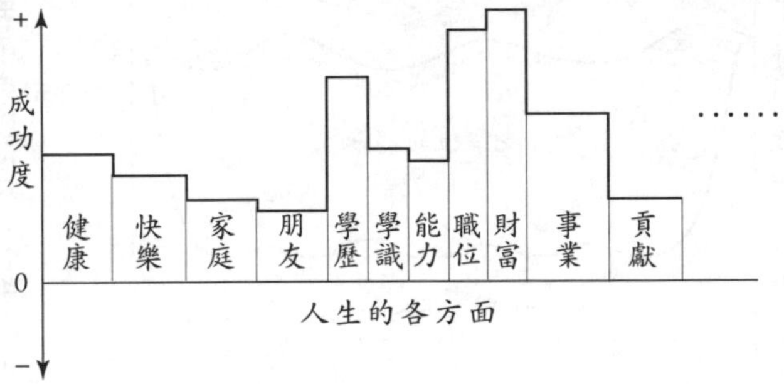
+
成功度
健康
快樂
家庭
朋友
學歷
學識
能力
職位
財富
事業
貢獻
……
0
人生的各方面
–

圖二b

古人所謂的「齊家」，以現代的眼光看，不應該是扮演一個主宰一切，而自認是成功的大家長；而是在家庭中作為一個成功的成員。當你還是一個小孩的時候，是不是一個父母眼中的好孩子？與兄弟姐妹相處得是否融洽？長大了以後，你是不是一個好丈夫或好太太？是不是一個好爸爸或好媽媽？你的家是不是因為你的關係而更為幸福美滿？成功的家庭生活是成功的人生中重要的因素。每到選舉的時候，候選人常把家人的相片印在宣傳品上，就是這個道理。

良好的人際關係也是成功的人生中一項重要的因素。你是不是因為能誠懇忠厚待人而在同學間、同事間和社會上交了許多朋友？是不是能與人合作？有領導人的能力，也能夠被領導？是不是因為為人處世的態度而受到別人的尊敬？這些都是成功的重要指標。

現在我們的社會似乎很重視學歷和文憑，因為目前政府和民間的許多用人制度都使學歷和文憑有用。一個年輕人，花了若干年的時間，獲得了一個高學位，當然應該視為個人的一種成功或成就。但是也應該考量一下，如果同一個年輕人，在同一個時段中沒有去攻讀學位，而是以同等的努力去做其他的事，所獲得的成功或成就與這一個高學位相較，孰輕孰重？這當然很難說，要視自己的個性與價值觀而定。

一個人的學歷和他的學識是有關係的，但關係不是絕對的，其間更不能畫上等號。他可以沒有受過多少學校教育，但學識卻非常豐富；因為他能夠主動地去多讀書，在工作和生活中充分地利用各種學習的機會。社會上這樣的實例很多，早年的王雲五先生是一位代表性的人物。在我們目前的制度下，這種自學成功的人出頭的機會似乎不多。但是我個人深信以下兩點：其一是，在一個進步的社會中，各種制度都會朝合理的方向修正；其二是，不盡合理的制度壓不住真正的人才。一個擁有高學歷的人，也可能在他自己專長的領域中學得很深很高，但在其他領域中的學識卻比社會上一般的人還貧乏，這樣的實例也不少。

一個人的學識和能力是有關係的，但關係也不是絕對的，其間也不能畫上等號。有的人空有滿腹學問，但不能將其付諸實用，應用在工作或事業上；有的人則能把自己所學的充分地發揮出來。能力往往是需要在工作中培養出來的，重要的還是在於有多少「起而行」的意願。

學識好、能力強的人，在事業上有高成就的機率當然比較大，但其間的關係也不是絕對的。因為另外還有許多其他重要的因素。例如，有沒有健康的體格和樂觀、進取、鍥而不捨的個性；有沒有一個和樂的家庭作為後盾，能不能獲得別人的支持與合作……等等。我們往往用職位的高低來衡量一個人的事業成就，職位高的人，事業成就當然應該比較高，其間有互為因果的關係，但這種關係也並不是絕對的。做大官的人不見得個個都做了大事，做大事的人也不見得都是大官。我們也常用財富的多寡，來衡量一個人的事業成就，對於一位商人來說，他事業成就的指標就是錢的數目。但對許多其他的行業來說，事業的成就與個人財富的多寡，並不見得有太大的關係。一位企業的經營者，可能為公司或股東們創造了很多的財富，而他自己拿到的薪水並不一定會很高；在公營的企業中尤其如此，他所得到的是一些對事業成就的滿足感。對於從事教育工作和學術性工作的人而言，他們的事業成就與個人財富之間的關係當然就更小了。

一個人的事業成就高了，對社會的貢獻應該也大才對，但這種關係也並不是絕對的。有許多事業，他們對社會的貢獻很顯然是負面的；也有許多事業，他們對社會的貢獻很具爭議性。我們很容易舉出一些實例，一些聲望高的人，不小心說了幾句有欠恰當的話，對社會也會造成負面的影響；我們在新聞媒體上，也時常會發現這樣的實例。

一個人在年紀還輕的時候，在當學生的時代，需要接受社會的培養，消耗了社會的資源；因此在還沒有離開學校踏入社會之前，他可以說是一個社會上的負債者。所受的教育層次愈高的人，社會在他身上的投資愈多，他對社會所負的債也愈多。我們當然期望他在完成學業後，能對社會有比較大的貢獻，除了把所負的債還清以外，還會使社會增加很多的資源。在正常的情況下當然理應如此，但這種關係也並非絕對的。有許多教育程度不高，但事業成就很高的人；也有許多教育程度很高，但一生對社會並沒有什麼貢獻的人。

追求成功要提昇個人整體的素質

圖二這一張圖是我依個人的看法畫出來的，所選擇的項目一定有欠周全，所採用的代表相對重要性的寬度也不一定合理，諸位可以依自己的意見加以修正補充。我所想表達的一個觀念就是：一個成功的人，首先他自己要能做到健康快樂、樂觀進取；其次要能擁有一個和樂的家庭，並且

要能取得朋友、同事以及與自己有關的人的合作、愛護與尊敬；要培養自己以獲得最多最好的學識與能力；要將自己的學識與能力付諸應用，為社會提供最多的服務和最大的貢獻。

圖二a中的粗線下方所涵蓋的面積的大小，代表這一個人在這一個時段的整體成功度，也就是這一個人的整體素質。一個求上進的人所要爭取的，就是在他一生的每個時段中，大的時段或小的時段，這條粗線的下方都能有最大的面積，也就是這圖中的每一個項目都能有最高的高度，尤其是對寬度較大的項目要多加重視。如果圖二a所代表的是你，圖二b所代表的是另一個人，他的學歷雖然比你高得多，職位也高，又很有錢，但整體的成功度與素質和你相較之下，還是差得很多的；當你和他站在一起的時候，要能夠抬頭挺胸，心中很自豪才對。

多元的上進之路

我們的年輕人都是有進取心、求上進的。我們的社會上有許許多多不同的行業，在每一個行業中，都各有其上進之路，所謂「行行出狀元」就是這個意思。譬如一個人可以依自己的興趣選擇做一位木工的技師，他可以把技術練得很好，成為木工這一行的高手，用他的雙手做出許多高品質的傢俱。但是一位木工技師的人生和任何其他行業一樣，是多方面的，他不能只追求木工技術方面的提昇和成功。在圖二中，許多和木工並不直接相關的項目也都是重要的。他除了要自己過得健康快樂之外，也要有一個和樂美滿的家庭，許多好朋友和伙伴，也要多讀書、多學習本行以外的學識，使自己的一生過得更充實。

一位國中畢業生，他可以選擇升學，也可以選擇一個不需要升學的行業。只要自己有進取心，條條都是上進的路。社會上有非常多成功的實例。一個沒有受過太多學校教育的人也可以讀很多書，也應該盡量地多讀書。有很高學歷，但除了本科之外，並沒有讀多少書的人也是有的。諸位目前是崑山技術學院專科部化工科的學生，等到畢業以後，上進的路也是多元的。你當然可以選擇升學，如果對學術研究或教學工作有興趣，最好先取得一個碩士或博士學位做基礎。如果你對實務性的工作有興趣，實際的經驗就較為重要。如果你個性外向，去做些銷售方面的工作也未嘗不可。同樣地，只要自己有進取心，條條都是上進的路。

對社會的進步要有信心

雖然在新聞媒體上，常常看到許多令人不很滿意的報導；但是我們的社會在過去的幾十年中，是一直不停地在進步的，以後還是會繼續進步下去。社會上有太多的人在實實在在地做事，有太多的年輕人在學校裡認真學習，因為這些不是新聞，媒體是不會報導的，但這些才是社會進步的原動力。而進步的大方向必然是民主化、自由化和多元化。其中包括青年人上進管道和升學管道的自由化和多元化。要為不選擇升學的年輕人開拓出許多不同的、通暢的進路；也應為選擇升學的年輕人，開拓出各種升學的管道。許多這方面的工作，政府正在推動中。

我們的社會由於日趨民主化、自由化和多元化，必也日漸開放，更為國際化；許多觀念必也日漸現代化，必將更為尊重個體的自主權；不同行業之間有高下之別的觀念，必將日趨淡化。許多人站在一起，雖然所從事的行業有所不同，但個個都是頂天立地，都同樣的有尊嚴，同樣的受到相互的尊重與尊敬。

我們對社會的進步要有信心。只要自己有進取心，走向成功的路是很多的。

對自己要有信心

一群人在一起時，在大家的心中難免有一些指標，根據這些指標或尺度來相互比比高下。錢多些的、職位高些的似乎就比較高；錢少些的、職位低些的似乎就比較矮。一些學生們在一起，聯考排名較高科系的，似乎就比較高，聯考排名比較後面科系的學生，和他們站在一起時就覺得矮了一截。這是一種很沒有道理的現象。這些指標或尺度是人為的，即使有一些道理，也只是圖二中的許多項目中的一條，不能代表一個人的整體素質。當我們和別人站在一起時，心中要有自信：你的職位雖然比我高，你雖然比我有錢，你所就讀的科系在聯考排行榜上的位置雖然比我的高，……，但是我這個人不比你差。我們也不能根據這些人為的指標，在心中把別人看得矮了，因為每個人都有他自己的長處；對於一個人的素質，要做整體的考量才行。圖二中的一些項目是我隨意畫的，每一條的寬度也是我隨意定的，不能作為標準。要用上帝所繪製的這樣一張圖，來衡量一下每一個人的總面積的大小，才是真正的高下。

今天我與諸位同學在一起，在年齡上我比你們大了四十多歲。你們在聽我講話的時候，心中要有自信：四十多年以後的我，一定比現在的你好得多。本來就應該如此。如果現在的年輕人連這點自信心都沒有，我們的社會怎麼能進步呢？

從生活中的小故事談人生的大道理

一九九八年三月二十日管理與生活通識教育學術演講

利主任德江要我來做一次演講，這是一個榮譽，就欣然答應了下來。他出了這樣一個題目，我考慮了一段時間，因為想不出更好的，也就同意採用。因此，今天就拉拉雜雜地談一些小事情，但是不見得能引申出什麼大道理來，希望不至於使利主任和同學們失望。

最近接受教育部委託，做一個調查統計計畫，發出許多問卷。因為數目相當大，為了不想增加學校收發單位的負擔，在郵局租了一個信箱。回郵信封上的地址就是信箱號碼，收信人是「馬哲儒教授」。結果還是有一些被送到學校了，顯然是因為郵局分信的人，本來只需要依收信地址處理的，腦筋多轉了一個彎，把一件本來簡單的事弄得複雜了一些。

我們寄信，信封上地址寫得不夠標準的時候，還是寄得到，郵局的工作人員往往因此而自豪，也讓許多人養成了寫信封時不按規矩、潦潦草草的習慣，使郵局裡的工作負擔加重，效率也不易提高。郵遞區號的制度推行了這麼多年了，還是不很普及。

在一個大家做事都一板一眼的社會裡，如果信封上的地址是一個郵政信箱，一定會被送到信箱裡去，郵局裡的人絕不會因為知道收信人在成功大學教書，而提供額外的服務，送到學校來。經過一段宣導時期以後，不寫郵遞區號的信就收不到，或者遲很久才收得到，大家一定會按規矩寫，郵局的效率就可以提高了。在公路上開車時也是一樣。紅燈時，大家不會因為「反正對方沒有車」而衝過去；綠燈時，也就不必要看清楚對方沒有車衝過來才敢開過去；大家都可以開得輕鬆而順暢。

有一次，一所日本的音樂大學樂團到臺南來演出。在事後的餐會上，我與鄰座的一位中山大學音樂教授談起一位音樂家是否應把自己的才華、風格或個性表現在音樂上的問題。這位教授的意見是否定的，他說，你剛才有沒有注意到，這個日本大學樂團在演奏我們的國歌時，那位指揮是一板一眼，百分之百地忠於原來的作曲家，不像許多我們自己的指揮，為了自我的表現把國歌都演奏得走了樣。我對音樂太外行了，無法判斷一位樂團的指揮應享有多大的自由度來發揮自己的才華；日本人的尺度顯然較為嚴謹，不會出錯，但也難免趨於呆板。

聽說上次神戶大地震的時候，日本的黑社會山口組發揮了很大的功能。遇到了這樣嚴重的緊急事故，為了救命，爭取時間最為重要，反應要快，要能當機立斷。在這種時候，習慣於一板一眼的就不行了，反而不如那些沒有守法習慣的黑社會分子。

如何才是為人、做事最佳的尺度或自由度？由前面談的幾個例子看來，似乎要看情況而定。在救災的時候和一般開車時，所受到交通規則的約束，是否可以有不同的尺度？在演奏國歌和一首抒情的樂曲時，樂團的指揮是否應該有不同的表現自我風格的空間？對於這一類的問題，不同國家或民族，或是不同行業的人，拿捏之間各有其不同的平衡點，這就是所謂文化背景的不同吧！優、劣、是、非是很難論斷的。

我們都聽過以下兩個故事：

有人要考考亞歷山大，拿一個很難解開的繩結給他，看他是否解得開，或是要花多久的時間才解得開。他拿過來，不加思索，拔出佩刀來，一刀就把這個結砍開了。於是，他所帶領的大軍高呼萬歲。

在一位大將軍和他的部屬的筵會中，燈突然被風吹熄了。他的一個姨太太在黑暗中叫了起來，說有人對她有不規矩的動作，她抓下了那人盔上的紅纓在手裡。這位將軍對此一事件的處理方式是：馬上下令，在還沒有點上燈之前，每一個部屬都要把自己盔上的纓摘下來，丟到地上。

一個百萬大軍的統帥，必須具有能夠鼓舞士氣、帶心的素質，遇到突發的狀況要能處理得明快果決，這種素質是很不容易學到的。不同的行業，處理事情的風格也會有所不同，下面是兩位醫護人員中的「高手」的小例子：

因為過年過節時，我們附設醫院的許多醫護人員都不能放假，校長、院長、……照例都會在陰曆年初一上午到每個護理站和病房去走一遍，慰問他們。一次，看到一位已退休而年長的教授住在病房中，因為剛動過手術，兩隻手有點浮腫。他問黃崑巖院長，要緊不要緊。黃院長就說：

像我們年紀大的人，都會這樣的，是正常現象，不要緊。實際上這位年長的老師年齡要比黃院長大了很大一截，他說明時，不用「你們年紀大的……」而用「我們……」，雖然只差一個字，對方的感受卻有很大的不同。我聽到後想，不知道我們醫學院年輕的學生們，要學多久才能有如此的功力。

有一次我看到一位護士為一位患胰臟癌的老先生在病房中做一些例行的處理。過程之中，她不斷地嘻嘻哈哈說許多輕鬆的話，略帶點打情罵俏的味道。我的感覺是，這位小姐比那些板著面孔，只把該做的動作做好的護士高明太多了。如果這位老先生的病情有任何起色，她必也有很大的功勞。醫病要醫心，與帶兵要帶心，似乎有一些相似的地方。

不同的行業裡，也各有各的行事風格或文化。我們都知道，軍人在戰場上號令必須統一，講求一個命令一個動作，要求服從。因此，階級的觀念比較重。我們常看到退役多年的老兵，見到當年的長官，還是非常恭敬的。醫生在開刀房裡，分秒必爭、生死攸關的情況與軍人在戰場上也有些類似，因此也難免會形成對上級尊敬的習慣。我們成功大學有三個需要出野外的系：地球科學、測量和礦冶（現在的資源工程）。在早期，老師帶著一群學生到山裡去，工作、生活都在一起，自然而然地形成不分彼此、打成一片，是師生也猶如兄弟的關係。現在，野外出得雖然不那麼頻繁了，但在人際關係上仍看得出以前的味道。

有一位水利系的教授對我說：你們以前的賴再得老師，行事嚴謹，由於他的影響使許多現在化工系的老師都偏於拘謹，在生活的細節上較為認真而放不開；我們當年的湯麟武老師，行事、待人豪邁，在學生群中也不拘小節，影響所及，目前水利系的一些老師，仍然較為放得開。聽來也蠻有道理的。社會本來就應該是多元化的，不同的行業或族群各有其行事的風格，組合在一起才是一個多彩多姿的社會。隨著教育的普及與資訊的發達，相互觀摩激盪的結果，希望能使我們整個社會向成熟高雅的方向改變，漸漸地把庸俗的成分揚棄掉。

一個人的修養是隨著年齡成長的。利主任今天請我來做這個演講，你們難免認為是因為我德高望重的關係。其實不然，我的EQ並不高，尤其與和我年齡差不多的相較，實在不高。我在不同的年齡時，都做過一些以當時的年齡來說有點叛逆的事；但今天我不想講出來，以免引起同學們的誤解。就像李遠哲先生曾經講過他上大學時蹺課的事，不知道使多少不該蹺課的大學生因此而蹺了課。問題在於你是否能像當年的李遠哲一樣，把因蹺課而得來的時間用得那麼有效率。我以前做過的那些有點叛逆的事，在和朋友們或同學們吹牛的時候，常會講出來。自問還沒有做過講不出來的事。能做到這樣，我這個人應該還算可以了。

今天我想與諸位提一下一個小說家筆下的人物。有一本古典的文學名著，《儒林外史》，作者是吳敬梓。他以細膩的筆法刻畫當時的一群讀書人：有的是偽君子，有的是假道學，有的附庸風雅，有的招搖撞騙……，不一而足。他所推崇的人物只有少數幾個，其中第一位就是以〈常熟縣真儒降生，泰伯祠名賢主祭〉為題，第三十六回中所描寫的虞博士（虞育德）。他一生中沒有做過什麼大事，也沒有什麼戲劇化的歷程。先是一個鄉下的窮書生，教幾個小學生，也替人看看風水維生。後來考試中了進士，皇帝因為嫌他老（五十多歲），給了他一個閒差事，國子監博士，相當於現在國立大學的學務長，當時全國大概只有一個國子監。作者以半回的篇幅，用一連串的小事，來刻劃虞博士的「真」，真得可愛。看了他的故事，就像看了電視卡通中的櫻桃小丸子一樣，覺得那小女孩好可愛。一個有了年紀的讀書人，如果能讓人覺得像櫻桃小丸子一樣，真得可愛，大概就是吳敬梓筆下的所謂「真儒」了。

我再想提一位更大的大人物，釋迦牟尼。下面是《金剛經》中的首篇第一段，〈法會因由分第一〉：

> 如是我聞：一時佛在舍衛城祇樹給孤獨園，與大比丘眾千二百五十人俱。爾時，世尊食時，著衣持缽，入舍衛大城乞食。於其城中，次第乞已，還至本處。飯食訖，收衣缽。洗足已、敷座而坐。

這段文字很容易讀：「我聽說有以下故事：有一次釋迦牟尼佛與一千二百五十位道行高深的出家人，在舍衛城的祇樹給孤獨園中。到了用餐的時候，他就穿上外衣，拿了缽子，到舍衛城中去乞食。一家一家地乞討，討得夠吃了，就回來吃；吃完後，把外衣脫掉，缽子也收起來，把腳洗淨，把座墊鋪好，於是坐下來與這些大比丘們討論佛法。」

你們看，釋迦牟尼佛多平凡，他和任何一位普通的出家人沒有什麼兩樣。一件袈裟，要出門時才穿上；出門乞食的時候，後面並沒有一大群隨從和護衛，當然也不會有記者先生小姐跟在後面，跑在前面，照相錄影。《金剛經》的作者，在這篇文章起頭處，首先要描寫佛祖的偉大。多大的場面才足以襯托他的偉大呢？天女散花、金磚鋪地夠嗎？似乎還不夠。怎樣才夠呢？最平凡才顯得出他的偉大。

另外一位在佛經中塑造出來的大人物就是觀世音菩薩。他是怎樣的一位菩薩呢？在〈觀世音菩薩普門品〉中，佛祖對他的介紹是：人們有什麼需求的時候都可以求他幫忙。如果生病了，求他，病就可痊癒；如果在海上遇到大風浪，求他，就會風平浪靜；如果想生個兒子，求他，就可以如願；經商的求他就可以發財……。任何人有任何需求都可以求他幫忙。這代表什麼意義呢？我個人的理解是，佛家若欲渡許多人或是基督的信徒要救許多人，必須要能接近群眾，而接近群眾的最佳策略就是幫助他們。在四十多年前，大家生活都很艱苦，到教堂去就可以領到一些脫脂奶粉；現在許多天主教和基督教人士，都在做許多社會服務性的工作，應該也是同樣的道理。一般社會大眾都是平凡的人，人人都有些困難的問題，家家都有本難唸的經；他們需要的，是能夠幫他們解決這些困難和問題的人。

我們常看到的觀音像，大致有兩類，一類是手執楊柳枝的慈祥女士，正是一般社會大眾心目中的理想的形象。唯有裝扮成大眾所接受、所願意接近的形象，才有機會幫助許多人，也才有機會渡許多人。就像現代的人，在該穿西裝的時候要穿西裝，該穿夾克的場合穿夾克一樣。另一類是千手千眼觀音。因為世上需要幫助的人太多了，要一一地把他們找出來，並且為他們解除困難，所以才需要有千手千眼。這是何等偉大的胸懷！

大家都承認孔子是一位了不起的大思想家。許多人都在慨嘆，孔廟裡的香火那麼冷清，是不是我們的社會太庸俗，太現實了？我覺得，這是由於兩千多年來的讀書人和統治者把孔子的形象塑造得脫離了社會大眾。其實當年的孔子並不見得就是如此的。他也主張「有教無類」，也有人說他是「聖之時者也」。但是現在孔廟裡的孔子只教人如何為學？如何做人？如何治國平天下？……，講的許多道理非常好，但只有高級知識分子才懂。有些善男信女去燒香，祈求小孩在聯考時金榜題名；他卻說不行、不行，不可厚此薄彼，要公平才對；不懂得給他們一些承諾，為的是讓這個小孩今夜睡得安心些，明天上考場精神好，自然可以多拿幾分。要能走入社會大眾的裡面去，才有機會提昇全民的教育水準和文化素質。站在高處大聲的叫，是沒有太大效力的。

最近，社會上出現了不少所謂「八卦」新聞，涉及的有些是社會上的知名人士，有些是高等學府的研究生。這些本來應該是非常優秀的年輕人，為什麼會這麼糊塗呢？大家紛紛討論。去年十一月，在中國工程師學會高雄市分會的年會中，我曾經作了一個以「二十一世紀之教育與科技」為題的演講，現在把其中談到科技進步的衝擊的一段影印下來，請諸位參考（見本書第二四二頁）。

現在我想補充的一點是，科技和經濟建設的進步，使許多人迷失在五光十色，多彩多姿的環境中，錯亂了許多人的價值觀，不知道所追求的目標應該是什麼。什麼可以要，什麼不能要；什麼事可以做，什麼做不得。

如果一個年輕人，希望將來做大官，是很好的事；但要特別珍惜自己的形象，一切可能有損於自己形象的事都不能做，風險太大了，一個真正優秀的年輕人不會去做這種傻事的。如果希望將來成為一個發大財的企業家，自己的信用就非常重要，一切可能使自己的信用受損的事都做不得；一次偷雞不著，不只是蝕把米而已，把將來發財的機會也全蝕掉了。如果什麼大志都沒有，只想快快樂樂過一生，那麼，任何有危險性、有大風險的事也都不能做。在媒體上看到許多很八卦的新聞時，不禁會想，這些本來應該很優秀的年輕人為什麼會這麼笨呢？為什麼會去做那些一旦被人發現，就會對自己造成大傷害的事呢？結論難免是，他們並不是真正的優秀。社會上有更多真正優秀的年輕人，因為不會去做笨事、傻事，媒體也不會去報導他們，這些才是未來的中堅分子。

在一個步調快，效率高，忙忙碌碌的工商業社會中，大家應該珍惜一些空白的時段，有機會去看看海、看看山、或是星空，靜一靜、想一想。週休二日的政策還是有些道理的。

今天非常感謝利主任給我這個機會，也謝謝在座的同學們，可惜講得太雜亂，也沒有講出什麼大道理來，浪費了大家的時間。

做一個提昇社會品質的推動者

一九九五年六月十七日成功大學畢業典禮致詞稿

今天我能夠以本校老師的身分，在畢業典禮中向諸位畢業同學，以及你們的家長和家人道賀，感到非常光榮。我也要向校長以及全校的老師和員工同仁道賀；今天是我們大家辛勤努力，所得到的工作成果和產品驗收出廠的日子。今後，這許多畢業同學將以他們在社會上的工作表現，來證明成功大學是一所好學校，是一所業績好而且產品品質優良的大學；今後，這許多畢業同學也將以他們成功的一生，來證明當初選擇了成功大學，是一個非常正確的決定。

六月份是畢業的季節，每年全國有七萬多大學生和研究所的學生完成學業，踏入社會。畢業是歡欣鼓舞的事，但在歡欣鼓舞之餘，也應該思考一下：我們接受了社會的栽培，今後當如何回饋社會？因此，在這個時候，也應該展望今後的十年、二十年中，我們的社會缺少的是什麼？需要的是什麼？臺灣又叫福爾摩沙，是一個西洋人讚嘆山川秀麗的字，經過先民數百年的經營，也歷經變亂，發展到目前的狀況。對於過去幾十年的建設成長，我們很是自豪，世人也推崇為「奇蹟」和「臺灣經驗」。在艱苦的條件下從事經濟建設，已經使我們成為一個經濟大國；理性和平的政治改革也使我們成為一個民主進步的典範。由於繁榮和民主，我們將可由所謂「開發中國家」晉級為「已開發國家」。目前，我們還不能稱之為已開發國家，因為與世界上的已開發國家相較，我們還差一些。差在那裡呢？差在社會的品質。我們所缺少的、所需要的是社會品質的提昇。因此，願意利用這個機會，期勉諸位同學：畢業之後要立志做一個提昇社會品質的推動者。

社會的品質是多方面的，包括：每一個個體的素質、工作的品質、生活的品質、環境的品質、和社會的秩序……等等。社會品質的提昇是一項比經濟建設、政治革新更為艱鉅的工作，要靠全民共同的努力來完成。大學的畢業同學們是社會上的菁英，當然應該負起帶頭與示範的作用。

社會上每一個個體的素質，包括學識、能力、品德、修養以及做人處世的風格與品味。多讀書可以陶冶性靈、變化氣質；良好的家庭教育和學校教育當然也有助於國民素質的提昇。我們的每一個國民都是社會上的示範者，有的是正面的示範者，有的是負面的示範者。大學的畢業生是受過高等教育的知識分子，要能在社會上扮演正面的示範者的角色；要能夠把高雅的品味與氣質，擴散到社會的每一個角落裡去；也要能以敏銳的眼光，看誰才是我們學習的榜樣。

把社會上每一個成員的工作成果的品質累積起來，就是大團體的品質。如果經營一個工廠，你的產品品質的標準是否很高？如果當一位老師，每一節授課的品質是否在標準之上？如果是一位官員，你的服務品質是否能令民眾滿意？如果是一位民意代表，你問政的品質如何？如果是一位新聞記者，你的報導是否深入而正確？諸位同學，你們畢業之後，不論從事的職業是什麼，都要能尊重自己手上的工作，要盡量地使你的每一件作品或工作成果成為精品。

整體社會的文化素質，也反映在每一個個體的生活品質上。由於經濟的繁榮，為了生活而奮鬥的時代漸漸地過去了，今後大家追求的應該是生活的品質。由家居環境的布置，所觀賞的電視節目，所去的休閒場所……等等，都可以分辨得出一個家庭或個人的生活品味。你是否因為過分忙碌，過分重視事業上的成就而犧牲了自己和家人生活上應有的品質？諸位同學，在你們畢業之後，過一個高格調、高品味的個人和家庭的生活，並對你的周遭發揮影響力，以提昇整體社會的文化素質，也是一個受過高等教育的知識分子應該負擔的一項社會責任。

衡量社會品質的一項重要指標是它的生活環境：空氣是否清新、河川有沒有被污染、城市中有多少噪音、街道上有多少垃圾……等等。保護環境是全體國民共同的責任，受過高等教育的大學畢業生更應該負起帶頭者的責任。衡量社會品質的另一項重要指標是它的運作秩序：每一個國民是否都能守法守紀，都能尊重社會的倫理與道德規範。在這一方面，身為高級知識分子的大學畢業生，也應該發揮你們的影響力，並且扮演示範者的角色。

在經濟建設與政治改革都有了令人滿意的成果之後，我們尚欠缺的是社會的品質。提昇社會的品質必然是今後國家建設的重點。諸位同學，在你們畢業、離開學校踏入社會之後，不論你所選擇的職業是什麼，工作的崗位在那裡，都要能做一個提昇社會品質的推動者，並且以一個祥和社會的營造者自居。希望由於大家的努力，不久之後的臺灣，不僅在自然景觀上山明水秀，在社會品質的每一個角度上去看，也都能使人有山明水秀，心曠神怡的感覺，成為名副其實的福爾摩沙。

諸位畢業的同學，我祝福你們每一位都有幸福快樂的一生：有幸福的婚姻、美滿的家庭和成功的事業。當你在萬里鵬程中飛得很高、很遠的時候，不要忘記成功大學是你的母校。最後也祝校長和在座的每一位健康快樂。

工業技術學院及專科學校教師之教學、研究與發展

一九九七年元月七日在國立高雄工商專科學校舉行之八十五學年度南區技術學院及專科學校新進教師研習會中之專題演講

前言

兩個多月之前，主辦單位即與我聯絡，要我來與諸位談談教學、研究與發展的問題。我的專長是化學工程，在民國五十九年回國後一直在成功大學任教，雖然其間兼任了十幾年的行政主管，但對技職教育的問題仍然相當外行。但既然被邀請，個人認為是一項莫大的榮譽，不能拒絕。因此，今天除了對技職教育體系中諸位生力軍表示歡迎之外，也把一些自己的看法提出來談談，請大家參考。

技職教育系統所佔的比重

圖一是我國現行學制系統的示意圖，每條通路的寬度大致上顯示出學生的人數。由表一中的數字更看得出技職教育在我國教育系統中所佔的比重：在高中的層次約佔百分之七十，在大專的層次約佔百分之五十。此一比重，是自從民國四十年代以來，經濟建設主導教育政策的結果；由技職系統培育出來的人才，的確也為經濟建設貢獻了很大的力量。由表一中，在專科與高職層次，私立學校學生人數比率之高，專科超過百分之八十，高職超過百分之六十，也可看出過去民間資源對技職教育的貢獻。

外在環境的進步與變遷

近年來外在大環境的進步與變遷，對我們教育的政策與內容難免造成若干衝擊。由於科技進步的迅速，使許多產品和生產技術的生命週期變得很短，使教育工作者漸漸體認到培養學生終生學習新知識、新技術的能力與興趣，比教會他們某些特定的知識或技術更為重要。由於通訊與電腦科技的發達，在短期間內有可能使學校教育的方式起革命性的變化；使用電腦的遠距離教學難免會取代一部分，甚至大部分傳統的教室教學。雖然教育是一個較為保守，變遷也較為緩慢的行業，但科技的進步會使世界變小，縮短了國際間的距離，也使國與國之間、校與校之間的界線淡

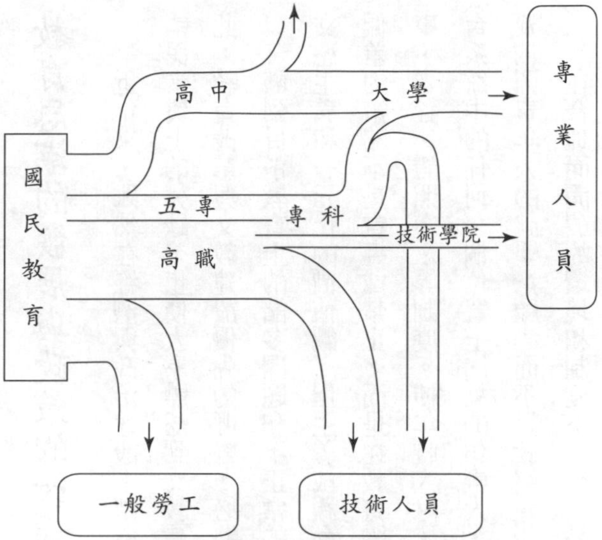

圖一　我國現行學制系統

資料來源：張一蕃，〈專科及高等技職教育〉，《行政院教改會研究報告》，民國八十四年。

表一　84學年度學生人數資料

高級中學	255,387
高級職校	639,228
二專，三專及五專後二年	278,875
大學本科（含技術學院及師院）	314,499
專科學校，公立	64,460
私立	330,291
高級職校，公立	190,900
私立	332,512

資料來源：教育部編印，《中華民國教育統計》，民國八十五年。

化，使每一個團體和個體都成為國際社會中的成員，暴露在互通的大環境中，不隨著世界的潮流進步與變遷也是很難的。由於科技的快速進步，首先受到衝擊的，就是技職教育體系。

教育思潮的發展與政策的改進

近年來，雖然在經濟與政治建設上都有長足的進步，但社會問題仍是層出不窮，在在導因於國民素質上的欠缺，也使大家體認到文教建設上出了問題，遠遠落在經濟與政治建設的後面。因此，教育改革與文教建設優先的呼聲，必將日漸提高。

談到目前教育上的諸多問題和不正常的現象時，往往都歸咎於社會上的士大夫思想，升學與文憑主義和一元化的價值觀。但主義或觀念是會隨著現實的環境變遷的。導正社會大眾在觀念上偏差的策略不是宣導或禁止，而是在教育體系之外建立合理的環境和制度來加以疏導，諸如：人事、考銓、證照……等制度。使年輕人除了升學之外，能有多元而通暢的上進管道。要能使從教育系統中的任何一個位置上出來的年輕人，在社會上都可以過得有前途，有希望，也有尊嚴；更要依照青年人的就學意願，而不是政經建設的人力需求，來規劃教育政策。

在合理而開放的環境和制度下，進入技職教育系統應該是大部分年輕人的合適的選擇，而不是全部年輕人的次要志願。我們從教育思潮的發展和社會制度改進的大方向上，可以看出技職教育在未來教育系統中的角色和重要性。

學校的定位與發展目標

對年輕人個人來說，一元化的價值觀並不正確；並不是一定要有高學歷才可能有高成就。如果在社會的環境和制度中，不能為年輕人提供多元而通暢的上進管道，則人人爭取最高學歷也是理所當然的現象。在這種情況下，各校的辦學態度也難免是一元化的：每所專科學校都會為自己的學生爭取最高的升學率；每所專科學校都爭取升格為技術學院；每所技術學院都希望發展成為科技大學，成為一所MIT或CIT。但是，社會的環境和制度是會不斷地朝著合理化的方向改革與進步的，其結果是年輕人有多元而通暢的上進管道。因此，不同類型的年輕人各自需要最適合於自己的教育和學校。每一所學校也可以根據本身的條件和市場的需求來設定自己在教育系統中所扮演的角色和定位。在自由化的政策下，政府沒有必要以行政的力量，來規劃或限制各校的定位與發展，因為市場的機制會自然地發揮調節的功能。我們也不必擔心教育資源浪費，擔心其不合乎就業需求，因為教育有提昇國民素質的功能，可視之為一種享受、一種商品或消費的形式；許多國民花了錢和時間去享受教育，就像把錢和時間花在博物館、動物園、音樂廳中一樣，並不能視之為一種浪費。

工業專科學校及技術學院教師應有的幾點認識

在座的諸位，包括我自己在內，絕大部分出身於各大學的工學院，並且擁有高學位，學有專精；但所欠缺的是沒有受過師範教育的訓練。在師範大學或學院所開授的教育方面的課程中，當然有許多對教學工作有幫助，有價值的知識和學問：如何作教學計畫，如何準備教材教具，如何引起學生的興趣，如何評量教學的成果……等等，我們應該找些書來讀讀，尤其對擔任五專前三年課程的老師更為重要。

出身於各大學工學院，並且具有高學位的許多老師們，較為欠缺的另外一點是實務經驗，也需要找機會加以補足。如果所擔任的是專科程度的課程，就不該把自己在大學或研究所中所學到的那些較為抽象的學理傳授給學生。他們所需要的是較為淺顯的理論，實體的觀念和實務的經驗。

在座的諸位都是過去層層的升學考試中的優勝者，出身於國小、國中的前段班，有名的高中和大學；但現在所面對的學生，很可能是與當年的自己屬於完全不同類型的年輕人。他們的學業基礎和領悟力難免差一些，求學的態度也欠正確，我們也難以根據自己過去親身的體驗來瞭解他們的心情和想法。在這種情況下，充分的愛心和耐心就很重要了。

教學的內容

我們在設計課程的內容時，首先要注意的是學生能接受的程度；深淺必須合宜，否則徒然浪費時間。其次，要重視基礎能力的培養；因為科技的進步快速，學習新知的能力與興趣對畢業生的發展前途至為重要；也要重視教材的實用性以期能與實務相結合。站在雇主的立場，往往希望畢業生在離開學校後，立即可以擔任他們所分配下來的任務。但學生在校的時間有限，只能學到一些共同性的技能；特殊性的技能必須要以在職訓練的方式學習；而培養學生學習的能力，才是學校最重要的責任。如果在專科學校中有比率相當高的學生，其就學目標只是在於繼續升學，則如何在自己的教育理想，雇主的需求和學生的意願三者之間尋求一個最佳的平衡點，便成為一個非常不易解決的問題。在不同的學校裡，由於許多現實條件的差異，這個最佳點的位置也不盡相同。

學生在校，除了求知之外，在一生的成長過程中的這一個重要階段，學習如何做人，應是更為重要的一部分。學生們難免拿老師的一舉一動作為學習的榜樣。言教與身教的責任，也是時時都要放在心上的。

響。

教學、研究與服務的平衡

教師在學校裡最重要的任務就是教學工作，不能因為其他的任務而使教學工作受到不利的影響。

研究與教學應該是相輔相成的。研究工作可以使教學的內容與實際的問題相結合，使教師對課業有更深入的認識和瞭解，也有助於不斷地接觸到自己專長領域中的最新發展。研究工作的性質會由於各校圖書、儀器、設備、空間、經費等方面的條件的不同而有所不同。在客觀條件較好的學校裡，選擇研究題目的自由度較大，可以選擇實驗性或理論性的問題，或較為實用性或學術性的問題。在環境較為艱苦的學校裡，並不是不能從事研究工作，而是要設法在有限資源的條件下尋找可以研究的問題；毅力與創意就更為重要了。在擁有充足的資源時是一種做法，資源不足的條件下又是另一種做法；而從事研究工作的意願，可能還是最重要的條件。

學校的教師，尤其是技職體系中的教師，都應該從事一些校內外服務性工作。可以用建教合作的方式對外做一些服務，同時也可以因此而獲取一些研究所需的資源。校內的各種行政性的工作也需要由教師們輪流分擔。

教學、研究和服務，都是教師們應該負擔的責任，最重要的還是在其間求取適度的平衡而不能有所偏廢。

但是在目前各種對教師的考評與獎勵制度中，諸如教育部和各校的升等辦法，雖然在精神上重視教學成績，但因為教學成績難以量化和評比的關係，研究成績往往是實質上的決定性因素。這是在制度的改革時需要加以關注的一點。此外，在教育部現行的升等辦法中，對於一般大學、技術學院和專科學校教師的研究成績，採用同一個標準，尚未能依學校性質的不同而給予不同的考量。也是在制度的改革時需要加以考慮的一點。合理的考評與獎勵制度，有引導青年教師努力方向使之正常化的作用。

青年教師生涯發展的前景

我們的青年都是求上進的，都希望能有成功的一生。問題是：成功的指標是什麼？很高的官位是指標之一，因為居高位而服務人群本來是件好事；很多的財富也是指標之一，創造財富來造福人群當然也是好事。在學校任教，顯然不是升官、發財的途徑。我們所追求的成功是什麼？

培育許多人才是我們的成功。得天下之英才而教之是一件樂事，是一種成功；教育一些問題青年，使他們免於墮落是更大的成功；對社會的貢獻是別人看不到，也量不出來的，但成就的喜悅在各自的心中。我們培育了數不清的人才，時間稍久之後，他們已經不記得老師的名字了；但他們還是在那裡，還代表著我們的成功。

學術性或實務性的研究成果是我們的成功。學術性的成果就是自己對世界文明的進步所貢獻的一分力量；實務性的成果可以付諸實用而轉化為社會上的財富。

工業專科學校和工業技術學院的教師，應該各依自己的專長與工業界建立合作的關係。透過建教合作的管道，一方面以學理對工業界提供服務，另方面也可把工業界的經驗帶回到課堂中來。

社會上追求成功的管道本來就應該是多元化而互通的。學校教師的本分就是全心全力地做好教學、研究與服務的工作；但也應該有機會轉移到教育系統以外的其他管道，去追求成功與上進。在學校系統以外，也有太多的人羨慕我們所負擔的神聖使命，也應該讓他們有機會加入到我們的行列中來。在目前各種制度中，各行各業間砌著許多不必要的牆，阻礙著交流與互通。把這些不必要的部分拆除，也是改革工作應該加以考慮的問題。

結語

今天非常高興能有這個機會，見到南部地區工業技術學院和專科學校的諸位新進同仁。最後，用一句話作為結語，就是：「做好當前手上的事。」主辦單位兩個多月之前就通知了要我做這個演講，但講得還是不好。自己也沒能做好當前手上的事，很是抱歉。

再造經濟奇蹟

——跨世紀工程師的角色

中國工程師學會高雄市分會
一九九九年六月四日中國電機工程學會高雄市分會 聯合年會 專題演講
中國機械工程學會高雄市分會

《中工高雄會刊》第七卷第一期第十至十四頁

能在這一次大會中做專題演講，是一項莫大的光榮。因為我過去曾擔任過一段時間的中國工程師學會高雄市分會的理事長，也在聯合年會大會中擔任主席，使我站在這個講臺上時，更多了一分親切感。

「再造經濟奇蹟——跨世紀工程師的角色」是大會籌備委員會指定的講題。這個題目出得很好，的確是一個值得讓大家共同思考一下的問題。今天很高興能有機會把一點個人的淺見提出來請大家指正。

「奇蹟」是打拼而得的成果

過去五十年來，我們在各方面的建設都有相當好的成果，包括經濟的富裕化、政治的民主化、教育的普及化……等等。這些都是千千萬萬的人，當然包括工程師在內，大家共同打拼而贏來的。當我們行經橫貫公路時，都記得當年那些開路英雄，在沒有現代化設備的情況下，所付出的辛勞和血汗；在以擁有幾百億美元外匯存底而自豪的時候，也記得當年騎著腳踏車，密密麻麻地湧向高雄加工出口區上班的那些男女作業員。我的意思是說，過去的建設成就，並不真的是「奇蹟」。有這麼多人投入了這麼多的心力與血汗，有好的成就是必然的，理所當然的事，一點也不奇怪。「奇蹟」是神話中的用語，是外人恭維我們的一句客氣話。在現實的世界中，只要繼續投入心力，腳踏實地地做事，自然會創造更多更好的新成果；未來的新「奇蹟」，將是更多的心血和汗水的結晶。今天我們所要討論的只是努力的態度與大方向。

社會進步過程中工程師的角色

一個人對一些問題的看法和態度是會隨著時代和環境而改變的。今天是六月四日，十年前的聯合年會是在天安門事件的前一天——六月三日舉行的。在九年前的聯合年會中，我以大會主席的身分講了以下的一段話：

「……我們的國家就好像一條船在汪洋大海中破浪前進。在這條船上的工程師們，不是掌舵的人，也不是爭取掌舵權的人，也不是拿著各色的旗幟搖旗吶喊的人，更不是跑上跑下爭論行船方向的人。工程師是船上機房中的引擎，工程師的分量重，姿態低。工程師們使這條船更為穩定，也是前進與進步的原動力。」

最近，《中工高雄會刊》請我寫了一篇短文，其中有以下的一段話：

「……過去我們常把工程師喻為拉車的牛。我們是社會進步的一項原動力，但不應該是沒有聲音也沒有意見的原動力。工程師在社會上不應該只是扮演牛的角色，而是要對這個車子前進的方向發揮適當的影響力；因為，把工程師的文化擴散到每種行業、每個角落中去，就是一劑消除社會的病根，解除諸多病象的好藥。」其間相隔了大約九年的時間，同一個人的論調顯然有不少的差異。在這些差異中，諸位可體會得出在這九年之中我們社會的進步。

到了文教掛帥的階段

社會的進步應該是多方面的，也有其階段性。當國家安全受到威脅的時候，其他各方面都可以暫時不管，只有國防最重要，那是軍事掛帥的階段。到了國家安全沒有太大顧慮時，讓人人都吃得飽、穿得暖最為重要，那是經濟掛帥的階段。當大家生活得相當富裕之後，自然而然地會關心政治制度的是否合理而進入了政治掛帥的階段。目前，我們政治制度的民主化已經有了相當好的成果，但社會上還是有不少的亂象；每到選舉之前都得在電視上做許多呼籲選民不要賣票的廣告。媒體上常見到許多騙人的新聞，當然是因為有足夠會受騙上當的對象。大家在經濟上相當富裕了，但生活的品質卻還是相當低。這些都顯示問題出在國民的素質上；我們社會的進步，到了讓文化和教育工作掛帥的階段。

政治與經濟建設的目的，當然是希望全體國民能夠過好日子。因此，使大家知道如何在安定富裕的環境中過高品質的生活，應該是在政治建設有些成績後的當務之急。如果沒有人文和教育建設的基礎，經濟的奇蹟只是製造了一些庸俗的暴發戶，民主的政治制度徒然淪為一些鬧劇的腳本。在這樣的環境中，談不到什麼國民生活的品質，也達不到政經建設原有的目的。

文化與教育工作是政府職責的一部分，但政府的力量是很有限的。我在最近出版的一本教育年報中發現，全國各級教育行政機關，包括中央與地方政府中的職員，總共只有二〇四〇人。因此，文化與教育工作的推動需要全民的參與。工程師都是受過高等教育的知識分子，當然也應該盡一分力量。工程師是認真負責，是非分明，守分守法，追求完美而能解決問題的人。這樣的文化正是目前我們社會所需要的。我們不應再把自己局限在工程性的角色範圍之內，要跳出去，也成為國家文教建設的參與者。

包裝、速食與泡沫

這幾天接連著收到兩份好朋友嫁女兒的喜餅。一份紙盒裡是實實在在六人塊長方形，不同口味的臺式喜餅。家裡人少，怎麼吃得完？於是分送出去，讓更多的人分享他們的喜氣。另外一份在提袋裡是一個漂亮的紙盒，紙盒中有一個精緻的鐵盒，鐵盒中用塑膠分成許多格，每格中放的是各種不同的小餅乾。數目雖然不多，但每一塊都有自己的封裝。休息或是有客來時，沖杯好茶或咖啡，吃幾塊這種小餅乾，自是高品質的享受。但我這個思想陳舊的人，總覺得後面這種喜餅禮盒花在包裝上的成本過度偏高，那個精緻的鐵盒丟掉可惜，不丟掉又無處可放，不如前面的那種舊式的喜餅實在。

隨著經濟的富裕，我們的社會似乎越來越重視包裝。精裝燙金的巨著，可以放在客廳書架上當裝飾品；是不是值得讓人從第一頁讀到最後一頁，要視其內容而定。而工程師應該是社會內涵的充實者，能掌握喜餅的色、香、味和營養價值，也會設計適度表現禮盒內容又可保鮮的包裝。更重要的是，工程師們由於專業的素養，比一般社會大眾更具有透過形形色色的包裝，判斷實際內容的質與量的能力，也負有協助社會大眾培養這種能力的責任。

在工商業的社會中大家都忙。到了吃飯的時候，燒點開水泡碗速食麵就解決了，口味也不錯，只是不一定得到均衡的營養。去逛一下書店，架上有不少速食性的書籍。濃縮簡化並改為語體的中外文學名著，使人可以用很短的時間知道了情節的重點，但不可能欣賞到原著中之美；為了準備考試的參考書，可以幫助年輕人在聯考時拿到高分，順利升學，但並不是接受到應得的教育；還有一些如何規劃生涯，創業成功的書籍，讓年輕人以為得到了其中訣竅，用最短的時間，最少的努力就可以成為大老闆。電視上也充滿了花些錢就可以瘦多少公斤，吃點什麼就可以卻病強身，塗點什麼就可以晶瑩剔透的廣告，讓人產生達到這些目的都並不難的感覺。

在速食文化的社會中，工程師的規劃和設計是實在而可靠的。以多少投入和耕耘可以得到多少收穫是可以算得清楚的。有人說有一塊錢的本錢可以做兩塊錢的生意，甚至有人說可以做十塊錢的生意。這一塊錢是實質的部分，多出來的是泡沫的部分。泡沫的比率太高了，就是一個不太穩定可靠的社會。而這實質的一塊錢，就是握在工程師手中的那一部分，包括設備、原料和產品。在工商業的社會中，有些泡沫是免不掉的事，因此我們也有把工程師務實的精神和工作態度傳播給社會大眾，產生泡沫穩定劑的作用，使它不會輕易地破滅。

界線的模糊化

隨著科技的快速進步，資訊的流通與交通的便利以及人類文明的成熟化，許多天然的和人為的各種界線變得越來越淡，包括國與國之間的界線，各種團體之間的界線，以及種族、宗教、階級……之間的界線。雖然在世界上有些地方，例如南斯拉夫，還處於與「八國聯軍」作戰的時代，但各種界線的淡化已是世界上的必然大勢。在自己領域的四周砌一道圍牆，「我們」在牆內，牆外是「你們」和「他們」，固守牆內的領土變得越來越難了。誰是敵？誰是友？也越來越難以分辨。在某一方面是合作的夥伴，在另一方面可能又是競爭的對手；「敵」或「友」的觀念也漸趨淡化，大家都在世界性的比賽規則下力爭上游。在國際化的大勢中，自己越小，越沒有不自我國際化的本錢，因而也越有機會享受快速國際化的優勢。

在上述未來的高度國際化的大環境中，身為工程師，我們不能再說「這個問題我們向來是如何處理的」，而是要設法知道，對於這個問題，目前世界上的最佳處理方法是什麼？我們自己是否能想得出更好的方法？我們競爭的對手，不再是隔壁的鄰居而是世界上最佳的高手。過去的經驗是競爭力的基礎，但在國際化大環境中的競爭，不能只靠過去的經驗，也要靠資訊的取得、消化、利用再加上創新與突破。競爭力是由多種因素所構成的，其中非常重要的兩項是產品的品質和生產的效率，而工程師的職責就是要在這兩個因素中取勝。

隨著科技和文明的進步，各種人與人之間的界線越來越淡化了，也越來越複雜化了；同時，各種學術領域之間，以及各種行業之間的界線也越來越模糊了。不僅界線模糊了，而且有必要將他們組合成為各種有機的架構或系統。任何一個現代化的產品或任務，都不可能由某一行業的人獨力完成，而需要結合各種不同學術領域和不同行業的經驗與智慧。科際整合是一項必然的趨勢，實際上也是古往今來的優勝者所採取的策略。身為現代的工程師，尤其是未來科技快速進步時代中的工程師，不能再被自己專長領域限制在一個小框框中，要能跳得出來，要能把自己的觸角伸進各種領域中去。實際上，各種學術領域之間以及各行各業之間本來是沒有界線的，那些界線只是人們心理上的錯覺。科技與人文之間也不應該有一條界線。一個現代的工程師有必要多涉足人文的領域，因為任何工業產品或工程任務的目的都是為人所用，為人服務，也必須由人去完成。工程師如果缺乏人文素養，難免會窄化自己的成就。

學識的金字塔

胡適先生曾說，為學要如金字塔，要能廣大要能高。意思就是，本身專業的學識要學得高深，其他離本身專業近的要多學，越遠的可以學得越少些，但不能不學，使自己的學識充實得猶如一座金字塔，中央高，基礎廣，體積大。現在，科技的進步與資訊取得的便利造成了知識的爆炸，每一個行業都有太多本行的知識需要學習；學習與自己的行業密切相關的知識，時間都嫌不夠了，哪裡還顧得了去學習與自己距離較遠的知識？於是產生了在自己的行業中是專家，但在本行之外猶如文盲的知識窄化的現象。

學識的金字塔如果變得細而高，基礎小，當然不穩固。在這種情況下工程師們如何是好呢？我個人的淺見是，一方面重視基礎，建立學識的「人」字塔，另一方面要能利用現代化的工具。一座人字形的知識的塔，中央部分仍然很高，底部仍然很廣，但總體積比胡適先生所建議的金字塔小了不少。中央很高的部分是本身專業的能力。但在科技快速進步的時代裡，今日的新知，短期後便可能被更新更好的所淘汰取代。工程師要有能力不斷地吸收學習新知，並且創造新知，靠的就是廣大的基礎性學識以及使用現代化工具，尤其是資訊工具的能力。

追求卓越，也創造卓越的環境

在未來的世紀中，由於資訊與交通的便利，使世界上各種人為的疆界失去了阻隔的功能，也使我們與世界上的每一個角落短兵相接。自由競爭是相當殘忍的事，只有最強的，最好的是贏家。每一個工程的領域，欲在世界的舞臺上立足，必須追求卓越。每一種產品，欲在世界市場上佔一席之地，必須要使其產品成本低、品質好。

國與國間比的是整體的競爭力，其中工程技術是一項重要的因素，但不是唯一的因素。如果要在某處建一座水庫，我們的工程師是不是有世界上最頂尖的設計與營造的能力？答案往往是相當肯定的。但我們問題的關鍵並不在於工程師的能力，取得最先進的技術，似乎是最簡單的一個環節。困難的部分在於事先決策的過程，發包的程序，事後水源的保護，水土的保持等等與人有關的因素。身為工程師，不能再把自己的使命局限於工程技術的範圍之內，除了追求本身的卓越之外，也要能為創造一個卓越的社會環境，發揮一些影響力，把工程師的文化傳播到社會的各個角落中去。

國家的建設是多方面的，包括國防、政治、經濟、教育、文化等等。國民生活的素質有賴於全面建設的成功，任何一方面的落後都會成為進步的瓶頸。工程師的使命雖然大部分屬於經濟建設的範疇，也往往都能勝任愉快，但國家建設是否能再造奇蹟，關鍵在於那些瓶頸的突破。身為工程師也應該發揮一些影響力，因為工程師本來就是一種具有追求真、善、美特質的人。

臺灣電力事業的發展

一九九九年元月二十日臺灣電力發展與商機開拓研討會主席引言

對於「電力發展與商機開拓」這個主題，我是外行人；能應邀擔任分組研討的主席，是一項榮譽。年紀大些的人講話，常喜歡從「上古史」談起。五十多年前，光復初期，臺灣因為有日月潭等的水力電廠，家庭的每個房間只裝一盞二十瓦的電燈泡，是一個電力充沛低廉的地方。於是在南部發展大量耗電的煉鋁和鹼氯工業。時間過得快，外在的環境變得快，我們自己變得也快；經濟建設的成功、工商業的發達與生活水準的提昇，很快地使臺灣成為一個能源嚴重缺乏的地方，電力的開發似乎總在因應成長的需求。二十多年前的能源危機，使一些高度耗電的工業變得較不經濟，也使國家的能源政策以多元化的「開發」為主軸。近年來，幾次氣候變化綱要締約國會議使我們體會到，臺灣的人均能源消費量和二氧化碳排放量已接近高度開發的工業化國家。今後能源開發的空間已經不多，努力的重點應該是能源生產力的提昇和二氧化碳排放量的降低。外在的大環境使我們不得不從「能量的開源節流」的時代，進入到「溫室氣體的節源開流」的時代；也使我們思考一下：是以「配合、因應」經濟發展，和民生與工、商、農業需求的態度來規劃能源與電力的政策呢？還是以能源與電力的政策來「引導」經濟與社會的發展方向？

關於電力事業民營化與自由化的政策與制度：任何政策、制度、法令或規章，都需要隨著時代與環境的變遷不斷地修正改進，過去的良法不一定適合現在的環境；檢討現在的制度時也應預估一下數十年後世界上的能源大勢。電力事業的經營者，除了在當前的制度下追求最大的利潤之外，還要參與使這些制度更為合理化、現代化的推動工作；也要能以宏觀長程的眼光，站在全民利益甚至地球村福祉的立場來看問題。

民營化與自由化是有些關聯性的兩件事，但其間並沒有明顯的因果關係，更不該畫上等號。對民營事業也應該有合理的管理制度，自由化當然也並不代表沒有制度。現在沒有人敢反對「自由」，就像沒有人敢反對「民主」一樣，即使不少獨裁政權也都標榜民主。因此，應加探討的是制度的內容而不是標題。在利潤導向、自由競爭的制度中，企業主要有負擔社會成本的義務，包括對國際社會的義務。

電力事業是社會中的一個環節，要在健康的社會環境中，才能正常地經營與進步。我們常聽到企業主對社會上諸多病象的怨言，認為是事業發展的重要障礙。病根顯然在於民眾的素質，包括社會上各階層、各行各業成員的素質；而治本之道還是要用文化與教育的手段。我們這些力不從心的文教崗位上的人，需要大家的支援，多為文教的改革與進步盡一些力量，共同建設一個健康的社會環境；如此電力事業才有健康的商機。

作為一個外行人，最好少講話；講得越多越能證明我不是客氣，是真的外行，還是把時間留下來給三位專家的好。

前瞻與導引性的能源政策

——由開源節流到節源開流

一九九九年五月「新能源及淨潔能源研究開發推動小組」總召集人在《規劃總報告》中之序言

資源與能源是國家發展的要素，其開發也常是政府施政的重點。五十多年前，因為有日月潭等水力電廠，臺灣也曾是一個電力充沛的地方，在南部發展大量耗電的煉鋁和鹼氯工業。外在的環境變得快，我們自己的進步也快，經濟建設的成功，工商業的發達與生活水準的提昇，造成了絕大部分能源須仰賴進口的態勢。二十多年前的能源危機使一些高度耗電的工業變得較不經濟，也使「多元化的開發」成為國家能源政策的主軸。

近年來，聯合國的氣候變化綱要公約和締約國的京都議定書，促使我們對能源政策再加檢討，在世界的舞臺上，臺灣的工商業實力已佔有不可忽視的比重，人均能源消費量和溫室氣體排放量已接近高度開發的工業化國家。今後能源開發的空間已經不多，努力的重點應該是能源生產力的提昇和溫室氣體排放量的降低。對所謂「地球村」環境保護的責任，使我們不得不從「能量的開源節流」的時代進入到「溫室氣體的節源開流」的時代；也使我們必須思考，究竟是以「配合」

經濟發展，和民生與工、商、農業需求的態度來規劃能源政策呢？還是以能源政策來「引導」社會與經濟的發展方向？

目前世界上低度開發地區的人口數，仍佔有很大的比例；使這些地區人民的生活提昇至適當的水準，應是合理而必然的趨勢。屆時，伴隨而來的溫室氣體排放量的增加，將對已開發國家造成排山倒海的壓力。規劃能源政策時，若能前瞻數十年後的世界能源大勢，預作先天下之憂，應是對後世子孫福祉的一大功德。

八十七年五月下旬召開的全國能源會議，是一個解決問題導向的務實性會議，也顯示我們是回應京都議定書最快的國家。會中達成多項共識，成立「新能源及淨潔能源研究開發推動小組」，即為落實會議結論中「無悔策略」的具體措施之一。本小組自組成之後，歷經四個月三十餘場次大小會議，整合產、官、學、研多方面的意見後，已將國內整體新能源與淨潔能源完成初步供應量的盤點工作；並考慮其技術成熟度，成本可行性及環境應用性後，做出重點工作的建議，作為未來政府推動各項計畫的參考。本報告書的完成僅代表規劃工作的一個段落，今後在研究，開發，推廣工作的推動過程中，仍須依據不斷獲得的新資料，繼續加以修正與補充。

在本小組的工作進行過程中，諸位分項規劃人，能資所協助規劃同仁，分組規劃人及兩位總規劃人都投入了非常多的時間與心力，另三位協同召集人及諸位推動委員也在百忙中撥冗參與規劃，貢獻智慧，在此一併敬致最高的謝意。

高科技產業的發展與科學園區

一九九四年十一月九日，在臺南舉行之「臺灣高科技產業發展方向研討會」
及同日在高雄舉行之「如何設置南部科學園區座談會」中之講稿

臺灣高科技產業發展的目標應該是整體性、前瞻性的，是要把全臺灣發展成為一個高科技島，使中華民國成為一個高科技的大國。什麼是高科技產業？我認為高科技產業就是零污染、耗用最少的原料、能源與土地，而知識密集、資本密集的產業；是不但不會消耗社會成本，反而創造社會資源的產業。我們在規劃高科技產業的時候要能放眼世界，瞻望未來，以全民的福祉為出發點來思考一切的問題。

「科技工業區」和「科學園區」，在產業發展的過程中所扮演的，應該是種子的角色，是全國高科技化的出發點，不能局限於甲殼中、花盆裡、或是圍籬之內。因此，不能有分隔區內和區外的邊界或圍牆。我所指的，不只是有形的牆，還包括制度上、心理上、生活上……的牆。沒有圍牆，才能不斷地向外擴散；以幾個區為種子或核心，若干年後自然可達到科技島、科技大國的目標。

因為沒有制度上的牆，園區才不會演變成為特權區。我們不應該以國家的資源來創造區內的利潤；而是要將產業發展的成果，轉化為全民的福祉。政府所提供的，應該是行政服務和高品質的公共設施，如交通、通訊、水電、學校、醫院、居住、休閒……等等。這些服務與設施是應該普及全國的，但可以從「園區」開始優先辦理。園區中產業的運作，是把知識與高科技層次的勞力轉變為利潤。政府的另一項職責，就是要對所產生的利潤做適度的掌握，是流向國外呢？還是用於國內產業的科技層次和人民福祉的提昇？

我們需要關心的另外一點，是高科技產業的發展在文化上的衝擊和影響。因為園區與外界之間沒有心理上與生活上的牆，交流的結果，應該漸漸形成全民的國際化，提昇國人高遠的眼界與世界觀。同時，我們優良的民族文化也要能保留在園區之中。如何使國人的生活品質與文化品味，隨著高科技產業的發展而同步提昇，免於淪為庸俗的暴發戶，也是政府與規劃者需要注意的一點。

過去，我們發展加工出口區，顧名思義，其科技層次只在「加工」，並非很高；但運作成功，確實發揮了在國家經濟發展過程中的時代功能。後來創設了新竹科學園區，其科技的層次就大不相同了，也扮演了經濟建設中一個非常重要的角色。現在我們規劃南部的科學園區，它當然不會只是新竹園區的一個複製品，與業經定案的臺南市安南區的科技工業區當然也不會相同，而是沿著過去經驗的軌跡向前向上的延伸。以後我們還會創立第三、第四……更多的園區，後來的一定是建立在前面的經驗與基礎之上，科技的層次也必然更高。我們很能理解地方首長與民意代表們在爭取設立第二個科學園區上所下的苦心；但也想提醒的兩點是：後得到的不一定就是吃虧的。在這地窄人稠的島上，在交通與通訊日益發達之後，未經開發的處女地，也許會成為最有價值的財富或最受歡迎的鄰居。

教育與改革

國立大學的使命與願景

一九九四年八月一日卸任成功大學校長在交接典禮中致詞

今天是本校校長的交接典禮，承蒙諸位撥冗光臨，郭部長親臨主持，我們萬分感謝也至感光榮。方才交接的印信所代表的，除了國立成功大學的校長以外，還包括附設空中商業專科進修補習學校校長、和附設高級工業職業進修補習學校校長兩個職位，以及南區大學校院夜間部聯合招生委員會主任委員的臨時編組性的職位。另外有三個在我任內所創設的財團法人，依成立先後次序是：王唯農博士紀念獎學金基金會、國立成功大學文教基金會、成大研究發展基金會。這些基金會的董事長的職位，也在今天同時移交給吳校長，不再另外舉行交接儀式。

愈是工作忙的人，愈覺得時間過得快。六年的時間，我過得很忙，也很愉快。在這六年中，承蒙本校同仁和同學們的合作，各級政府和社會人士的支持，使成功大學的校務能在穩定中成長進步，在這裡要向大家敬致最高的謝意。在六年的任內，我個人有許多收穫。在校長的職位上，能有機會看得更多，學得更多，使自己生活的領域更為寬廣，也使自己的生命更為充實；但是，最重要的是在工作中結識了許多合作的好伙伴。從兩位教務長到工友，從全校的同仁中，發現了許多有熱忱、能做事、肯為團體犧牲奉獻的人才。有時是為了長期性的任務，有時是為了臨時性的個案，大家都能發揮團隊的精神；有人打前鋒、有人守後衛，一起為校務的發展開夜車、加班、打拼……。成功大學猶如一座金字塔，現在的規模，是自創校以來全體師生員工大家一塊石頭一塊石頭砌起來的。在過去的六年中這個金字塔長大了許多，在每一個面上、每一個方向上都長大了許多。許多同仁為了這金字塔的成長盡心盡力地搬石頭，許多同仁設計各種方法來提高搬石頭的效率，大家都出了非常多的心力。我手中沒有任何籌碼來回報這些合作的好伙伴，只有心存感激，終生不忘。在這裡我當然也要向我的內人和小孩致謝；由於他們的體諒、瞭解和支持，使我在過去的許多年中一直沒有後顧之憂。

今天，我雖然是卸任的校長，但不能只談過去，也要瞻望未來。我們希望，這一次的交接典禮是國立成功大學發展成為一個國際上一流學府的過程中的一個關鍵點；我們相信，國立成功大學會因為吳京院士來接任校長，而在國內外學術界中有更高的聲望。學校的聲望是要以學術實力為基礎的；所謂學術實力，包括教學、研究工作成果的品質和數量。

國立大學負有多方面的社會使命。我們所得到的學生是聯考的優勝者，他們最擅長於以最快的速度寫出標準答案；我們的使命是使他們在四年的大學中學會讀書時求真正的理解，遇到問題時能獨立思考，有自己的見解與創意。我們所得到的學生，在高中階段實際上已經分了科；有志學人文與社會科學的忽略了數理，有志學科技的忽略了文史方面的課程；我們的使命是使他們在大學的四年中能補足應有的通識素養。我們要能夠在功利、現實、爾虞我詐的工商社會大環境中，培養品德高尚、誠實純樸的畢業生；這是一件困難但非常重要的使命。因為科技進步快速，我們需要加強基礎課程以培養學生學習未來新知的能力；但另一方面，雇主們往往又希望我們的畢業生，不經訓練，馬上就可以擔當他們交代下去的任務。因為國內許多企業的規模不大，從事研究發展工作的意願也不高，社會企望大學也扮演企業界的研究發展單位的角色，希望大學在教學上、在研究工作上都要「配合」國家的各項建設。但另一方面又要求大學裡的學術研究的成果能夠「領導」社會和科技的發展；又常常問我們，你們的學術水準比起世界上第一流的大學來，還差多少？以上所述，都是社會對國立大學的企望。一個好的綜合性大學，要樣樣都能做得到。

校務的發展第一需要有人，第二需要有錢；但我認為，人是比錢更為重要的因素。我們要使全體老師重視教學工作的重要性，不斷地檢討社會需要什麼？學生需要甚麼？怎樣才可以把課程教得好，使學生學得紮實。我們要能使老師們的學術研究工作，不但要重視成果的量，更要重視其學術上的持續性價值，或是付諸實用的可行性。

近年來，由於中央政府的財務日趨困難，教育經費的緊縮是很難避免的事。在此種情況下，我們當然希望教育部能夠把國立大學分級定位，而把本校定為經費需求較高的「研究大學」；也希望能改進國立大學的預算制度，增加經費運用的彈性與自由度。但這些都涉及全國性的制度，不在我們自己的掌握之下。我個人認為因應之道有三：第一是暫緩學校量的擴充，致力於教學、研究品質的提昇；第二是在預算的編列和支用上，精打細算，以使經費的運用更為有效；第三是我們應該設法開闢財源，但不能為了增加經費的收入而犧牲教學和研究的品質。

在六年之前我接任校長的時候，我自己有一些理想，大家對我更有不少的期望；但六年之後，因限於能力和其他因素，這些理想與期望並沒有完全達成。在這六年的施政之中，有一些失誤和敗筆是因為我的決策不當所造成的，我要向大家道歉，也向學校道歉。

今天我們歡迎吳校長，他是一位有高學術成就的國際知名的學者；他有理想、有幹勁，雖然多年在國外，但對本校的發展一向都非常關心。相信他一定能為國立成功大學注入新風格、新氣象，把學校帶入更高的學術層次。

最後，祝吳校長成功，祝國立成功大學校運昌隆，祝在座的每一位萬事如意。

對「教育改革審議委員會」之目標、運作及議題之意見

一九九四年十月十八日行政院教育改革審議委員會成立之初，以委員身分提出之書面建議

教育改革審議委員會與教育部之間的關係，應該是合作互補的。教改會的成員，雖然各有不同的背景，但都應該以國家整體的立場來思考問題；誰也不是那一類團體的代表，委員會議更不是一個為自己隸屬的團體爭取或保護權益的場合。教改會與教育部之間的互信，以及教改會委員之間的互信，應不難建立。我們也希望全體國民能信任這一個委員會，是一個為全民整體的長程的利益而工作的組織。建立全民的信心，對教改會未來運作的成效非常重要，吾人應多加注意。

教育的目標，在於提昇國民的素質。對於教育改革工作的目標，各位委員難免見仁見智，意見不一定一致；但個人認為，不宜為此一問題花費過多的時間。一件工作在進行之初，把努力的大方向做一明確的闡釋，是很重要的；但也難免因此而限制了自己思考的自由度。因此，在有限的時間內，達成若干具體的成果，也許是更重要的。

教改會應該研討的議題非常多，個人認為大致應可分為兩類：其一是根本性的問題，將病根除去了，病象會自然消失。不過，在短時間內不易提出有效的方案，但還是應多加討論，以期逐漸建立共識。其次，是政策性和技術性的問題，希望對當前教育工作上的一些病象，提出一些具體可行的紓解方案。

根本性的議題

一、如何消除升學主義，建立青少年上進的正確觀念，並消除士大夫思想，建立職業平等，各行各業相互尊重的觀念。
二、如何開闢青年上進的多種暢通的管道。
三、基於教育的觀點，應如何改進公務人員考銓、任用、升遷的制度。
四、如何強化社會教育，倡導讀書風氣，以改進國民的氣質與胸襟。

政策與技術性的議題

一、如何協助教育部突破一些行政上的束縛，並爭取較多的資源。
二、在升學主義的陰影下，如何推動各級學校的教學正常化。
三、和「大學入學考試中心」合作，檢討聯考與入學制度的問題。

四、有關大學自主的各項議題：

1. 課程的自主。

2. 行政的自主，包括財務與人事運作的自主與彈性。

3. 校長遴選的制度。

五、大學軍訓制度的改進，如何實行R.O.T.C.制度，以協助軍方培育優秀軍官。

六、如何開拓教育資源，鼓勵私人興學。

七、如何發揮補習班在社會中的正面意義，並消除其負面的影響。

在教育部所編製的《臺灣地區教育發展簡報——當前教育主要問題檢視》，與郭部長在九月二十一日第一次會議中所作「教育改革的重要課題」簡報，以及黃榮村教授在此次會議中所發表的〈教育改革的民間需求：若干待解決的問題〉及其補充說明所提出的許多問題中，看法一致之處頗多；應可加以整理條列後，與諸位委員所提供的意見，在第二次會議中一併提出討論。

國內教育問題的癥結與改革

一九九四年十月二十八日《師說月刊》第七十四期

關於我們教育的問題，常聽到兩種相反的聲音；雖然相反，卻也都是事實。一種聲音是：我們過去四十年來各方面的建設成果，被國際人士譽為奇蹟，這些成就都是由於國人的努力達成的。此外，根據國際上的評估，認為我們有世界上最佳的投資環境之一，而評估中的一項重要的指標就是人的素質。上列二個事實都顯示我們教育工作的成功。但另一種聲音說：看社會上的許多亂象、犯罪、毒品氾濫、環境污染、交通混亂、金錢與暴力介入選舉等等，在在都是人為的，也都顯示我們教育工作的失敗。事實上過去的教育工作，有其成功面，也有其失敗面。近日來，各級學校裡都發生了一些不幸的事件，使教育改革的呼聲高漲；但我們也不應因此而否定了多年來教育工作者的辛勞與成就。

教育是立國的根本，其重要性自不待言，其目的在於提昇全體國民的素質。而教育工作者所謂的國民的素質，和一些企業主在評估投資環境時所考慮到的卻不盡相同。後者站在企業成敗的觀點，所關心的是身心健康、專業學識與能力、品德、操守以及敬業樂群的工作精神等等。這些素質的培養當然非常重要，但教育工作者的看法應該不只如此，他們要能以全民的福祉和受教育者的立場來思考問題；所要培養的是有高文化的水準、高格調與品味的國民；是有獨立思考、判斷、明辨是非、善惡能力的國民；是有開闊的胸襟、恢宏的氣度和有自尊心、有自信心的國民。

我們教育上的問題很多，在探討這些問題的時候，首先要找出根本的原因是什麼？我們的教育問題的癥結，在於千餘年來在國人心目中根深蒂固的士大夫觀念所造成的升學主義；以及由於在用人與升遷的制度中，大家要求公平，不信任主觀的判斷，因而造成文憑與任用資格比工作能力與表現更受重視的所謂文憑主義。我看到世界上許多民族，一旦溫飽之後就感到滿足，樂於享受人生，不去遠慮未來，因而人與人間的競爭自然較為緩和。但來自黃土高原的漢民族似乎在先天上無此幸運，也做不到這一點。我們的年輕人，個個進取而求上進；我們的家長們都是望子女成龍成鳳。因此，使我們的社會發展迅速；但也因此造成了教育工作中的許多問題。教育界的各種病象都是直接被強大的升學主義和文憑主義逼出來的。因此，要徹底解決我們教育上的許多問題，必須為年輕人開闢多種上進的管道，建立職業平等、尊重基層的觀念；並改進人事進用與升遷的制度，使年輕人知道，上進不一定要升學，成功也不一定非要有高層次的文憑不可。

在各行各業的社會人士中，從言談舉止、待人處事、業餘興趣等各方面去觀察，在氣質上總會有一些高下之別，被尊敬的程度也因此而有所不同；這可能是由於有人多讀了一些好書的緣故。「萬般皆下品，唯有讀書高」中所謂的「讀書」，在古時顯然是指它的目的——「科舉」；現在可能有人詮釋為「升學」；但如果詮釋為「自我的充實」，是否更貼切？重視終生教育、推動社會中讀好書的運動，也是教育工作中非常重要的一環。

在我們的教育系統中，公立學校佔有相當大的比重，而公立學校也是政府組織中的一部分。目前，政府機關中的一個普遍現象，就是制衡的機制愈來愈複雜，其運作除了要受到上級單位的監督之外，還要受到議會、人事系統、主計系統、監察與審計等單位的制衡或監督。為了防弊，對政府機關的運作有一個制衡的機制是應該的；但此一機制演變得過分細膩之後，難免使人感覺營私舞弊固然不容易了，推動一些新的工作，也好難呀！只有不求改進，光做一些例行事務才是最容易的。此一現象，在各級公立學校裡也不例外。尤其是大學，其運作的性質本來就應該在教學、研究及制度上不斷地求突破，求改進，因此所造成的影響也最為顯著；所以，給予充分運作上的自主權和彈性，是很必要的。

教育改革工作的目的，是要設法消除教育界中不合理與不合時宜的現象，並且提出辦法，以便更能達成提昇國民素質的目標。但在每一項改革措施的實行之前，都要慎重評估除了正面的意義之外，是否另有其他負面的影響？也必須考慮在基層推行時的可行性；一個很好、很合理的政策在基層中推行時會不會走了樣，變了質？一個政策的制定或修訂，當然要徵求大家的意見，取得共識，但也要考慮其他的因素。舉例來說，聲音大、對教育制度有意見的家長，應該都是關心自己子女教育問題的家長，他們的子女落到「放牛班」裡的機會不會太大。在「放牛班」裡的國中生的家長，對子女的教育多半不會很關心，對教育制度更不會有什麼意見或聲音。但「放牛班」中的小孩為數非常多，他們的權益、他們的前途以及他們長大後在社會中所扮演的角色，也許是政府和教育工作者應該注意的問題。許多對子女教育很關心的家長們只要我們的制度很「公平」，經由「公平」的競爭，他們的子女能進入所希望的高中和大學，就相當滿意了。但是，在升學競爭的過程中，他們的子女所受到的「教育」是不是正常而健康？而表面上很「公平」的制度中，有一些並不「合理」的現象，對他們子女的成長以及未來的社會是否有不良的影響呢？大家應該多聽聽專家們的意見，並且以長程的眼光和全民整體福祉的立場來考量。

國內教育上有不少待解決的問題，需要一一把它們提出來，多加研討，尋求答案。在教育改革審議委員會成立之初，各項工作甫將展開之際，謹將個人認為國內教育工作上許多問題的癥結所在，以及對改革工作的一些淺見，提出來就教於大家。

我對「教育鬆綁」的一些補充意見

一九九五年一月三十一日《教改通訊》第四期

自從行政院教育改革審議委員會提出「鬆綁」的原則之後，在內部已作了不少的討論，並在社會上引起一些反應，也出現了好幾篇頗為深入的文章。因為這一個問題還會繼續討論下去，謹提出個人的一些補充淺見，供大家參考。

避免對「鬆綁」二字含義的誤解

「鬆綁」是過去在探討教育問題時沒有用過的字眼。大家對其含義難免會有各種不同的解釋，也難免會產生一些不必要的誤會或誤解。我們似乎可以不必把「鬆綁」與"deregulation"之間畫上等號。Deregulation這個字相當具體，而「鬆綁」則較為抽象。就是因為較為抽象，才給了我們許多想像與運用的空間；就是因為有許多想像與運用的空間，所以我們更要非常慎重地將其導向正面的方向，捨棄其負面的部分。千萬不要把人二分為教育上的「綁人者」與「被綁者」；不要自命為解救「被綁者」的俠士；也不要自認為已被歸類為「綁人者」而對這兩個字心存排拒。我們的社會，因為有許多傳統、規範與制度，才得以有規律地運作，在教育方面也是一樣。這些傳統、規範與制度是由於歷史、文化、政治與經濟等因素的影響而逐漸形成的，也會因為這些因素的變遷而不斷地修正與改變。近年來，國內、國外的政治、經濟與科技的大環境都變得很快，進步了很多。教育工作雖然也不斷同步地在修正與進步，但是許多病象也日趨嚴重，難免使人覺得許多傳統上的觀念、規範與制度，是否到了應該加以檢討的時候。

觀念上的「鬆綁」

社會上有許多根深柢固的觀念。「唯有讀書高」的觀念，使人覺得不論性向與才智如何，上進的路只有一條，就是升學。升學的路永遠不夠寬，於是造成聯考的塞車現象。目前教育工作中許許多多的病象似乎都可歸類於「聯考的後遺症」。

「大有為政府」的觀念，使人認為教育上的任何問題，政府都應該有能力也有責任加以解決。因為有責任便不得不定出許多規定以防止問題的發生：私立學校辦得不好，社會大眾也認為是政府的責任。為了負起此一管理的責任，便以許多規定來限制私校運作的自由度，其後果是使一流的私校難以在我們的系統中出現。

「實用主義」的觀念，認為教育工作應該「配合」國家經濟、交通、國防……的建設，企業家們希望學校能提供好用的員工，這都是對的；但教育工作者卻不能忽視教育本身獨立的重要性，是走在社會發展的前面，而不是跟在後面的角色，以及「教育」與「訓練」之間的差異。

談教育改革，我們需要檢討一下許多束縛自己、束縛政府以及互相束縛的觀念，是否可以適度地「鬆綁」？

制度上的「鬆綁」

Deregulation應該就是制度上鬆綁的意思。大家所討論的大多是教育系統內部的制度，問題的關鍵點，在於我們是否應該用全國一致的細節性的制度，來保證教育的品質？這些制度確實是有使較差的學校不致變得太差的作用；但也有保護一些應該被自然淘汰的學校，使之免於被淘汰，和抑制一些好學校，使之無法發展得非常好的作用。

有許多是涉及教育系統以外的制度。把公立學校視同政府的「機關」，要按照機關的模式來運作；把校內教師兼任的行政主管視為政府的官員，也按照政府官員的管理規範來約束他們。但大學裡的工作性質與一般的政府機關有很大的差異，如果不能從政府的人事和主計系統中解脫出來，欲與國際上最好的學校競爭，必然是很吃力的事。

制度的變遷往往受到外在環境的影響。舊的制度因為不甚合理而被新的制度取代了，新的制度是不是更合理呢？往往又是很令人憂心的事。過去，各大學裡學術行政主管的產生是由上而下的，近年來有許多學校漸漸演變成為直選的模式。社會上的選舉風氣吹進了大學的校園，就是其中的一例。

結語

制度上的「鬆綁」較觀念上的「鬆綁」易於達成；但制度上的修正或變更，往往也是牽一髮而動全身，須以審慎的態度來處理；改革的方向定了之後，更須以穩健、漸進的方式來完成。

開創教育新紀元

——談教改

一九九七年七月三日至十日臺南市八十五、八十六學年度國民中小學教育改革研討會

我非常高興能有機會來與諸位老師談談個人對於當前我國國民教育的一些淺見。我的專長是化學工程，在諸位教育專家面前談教育確實是班門弄斧，自己覺得很惶恐。因此而寫了這份書面的講稿，為的是便於請諸位指正。文中錯誤或不恰當的地方，請不要客氣，改正之後交給我，以便修訂。

過去的成果

今天我們要談的題目是教育改革。最近這幾年，社會上教育改革的聲音很大，大家都在談這一個問題。我們的教育的確是出了一些問題，有許多需要改革的地方；但是，我們在談教育改革的時候，首先要肯定過去四、五十年來教育工作的成功，也要肯定千千萬萬教育工作者的功勞和

辛勞。

在臺灣這個多山的小島上，我們沒有什麼資源，也沒有什麼能源，只有世界上密度最高的人口。人力成了我們最大的資源。因為人民的素質高，利用得當，而成為國家發展競賽中的優勝者，是亞洲四小龍之一，被世人譽為奇蹟。這些，在在都顯示我們教育工作的成功，也是諸多教育工作者的成功。近來社會上發生了一些不幸的事件，難免使人有臺灣很亂的感覺；但如果與世界上其他國家，尤其是東南亞鄰近地區的國家比較一下，再把我們的人口如此擁擠的因素考慮進去，過去雖然發生過一些不幸的事件，但臺灣仍然是一個非常安定的地方，也是一個政治改革和民主化非常順利的地方。這是否也顯示著我們國民的素質高和教育工作的成功？

我是在四十三年之前自大學畢業，當時的高等教育，培育了許多我的年齡層的人，到目前已為社會做了四十多年的事。在大學裡，這四十多年來，培養了許多我們的學生，和學生的學生，他們也都為國家的建設投入了很多的心力。而各位身任國民教育的老師，是為高等教育和技職教育打基礎，提供素材的人，更是功不可沒。

當前的問題

我們的教育工作中有一些不正常的現象，諸位老師瞭解得比我清楚，不必在此一一列舉。大家往往把這些歸咎於士大夫思想，文憑和升學主義，以及聯考的制度等等。社會的發展有許多環節，環環相扣，互為因果，而教育是其中之一。教育工作上的問題也是社會整體問題中的一部分；因此，消除教育工作中的不正常現象，也不能只用教育的手段。

我們的問題最根本的原因可能還是由於地小人多。在一個人口密集的環境中，人與人之間的競爭較為強烈是一個很自然的現象。世界上有一些人口密度和我們差不多的國家；但他們多還在如何吃飽、穿暖的問題中奮鬥，還顧不得考慮如何教育下一代等較為長遠性的問題。在衣食無慮的環境裡，我們國人的心中似乎尚缺少一分安全感，擔心自己的子女是否能有一個安定的職業，是否能夠富裕，快樂地過一輩子？於是，大家都希望經由學校教育為自己的子女爭取到一張就業的保證書、文憑，或是一把生活安定的保護傘。但保證書的效力難免有高下之別，保護傘也有大小之別，於是我們的教育系統便成了五百萬保護傘爭奪戰的戰場。因為競爭激烈，所以普遍要求一個公平的比賽規則。但公平不一定合理，於是教育系統中的一些不甚合理的現象便因之而生，社會上便也產生了針對這些不合理現象要求改革的呼聲。

未來的挑戰

我們生活在一個快速變遷的大環境中，科技的發展日新月異；國與國之間，民族與民族之間的競爭日益劇烈；決定勝與敗的因素雖然很多，而人民的素質是大家所公認最重要的一項。國家發展的競賽就像是一場無休無止的馬拉松，永遠是處於前有強敵，後有追兵的狀態。現在我們較為領先，所以在工地上用的是泰勞，家庭裡也有菲傭；萬一有一天落後了，我們的下一代就難免要到別人的國度裡去當臺勞、臺傭。

近年來，世界各主要國家都體會到，提昇國民的素質以確保其在未來的世界中生存和競爭的能力的重要性。也都在檢討自己的教育制度和內容，在國民教育階段有限的時間中，培養學生哪一方面的能力才最為重要？因此，教育改革是一件在全世界各主要國家進行中的工作，也是國家發展競賽中一個很重要的環節。

國人普遍重視子女的教育，這是一個非常好的現象。但如何才能把資源和時間作最有效的利用，而不致產生揠苗助長的負面的效應，也是我們所面對的一項重要課題。

文化、教育建設的迫切性

我們處在一個快速進步的大環境中，世界上的許多主要的國家，尤其是東南亞的鄰近國家，大家都進步得很快。在國內，經濟建設已經有了有目共睹的成果；在政治民主化方面也有了不錯的成就；近年來在科技方面的進步，尤其快速；而在文化和教育建設上，就顯得有些跟不上腳步的現象。文化和教育工作的對象是人而不是物，不能輕易地改變，傾向於較為慎重保守，是可以理解的。但是因此而造成的落差，或許就是目前社會上諸多亂象的根本原因。我們可以預期在東南亞的許多國家中，在大陸上，當他們在科技和經濟的建設上有了相當的成就之後，也都會面臨類似的問題；而在某些地方，問題可能更為嚴重。

推動科技和經濟的建設，政治的民主化以及社會制度的革新都是難度很高，也非常辛苦的工作；其最終的目的只有一個，就是增進全民的福祉。換句話說，就是提昇全體國民生活的素質。但是，國民生活的素質必須以文化和教育建設的成果為基礎；否則，在其他方面的努力都難以真正地落實在民眾的福祉上。但是，文化和教育都不是能夠立竿見影的工作，所謂百年樹人，耗時費日。因此，在科技、經濟、政治等其他環節上都在快速進步的情況下，就更為迫切了。這，對文教工作者的壓力是很大的。

大家都是教育的改革者

我們的教育需要改革，原因有三：第一是世界上各主要國家，大家都體會到在未來的激烈競爭的大環境中，國民的素質是勝負的關鍵性因素；因此，都在檢討自己的教育政策，也都在力求改進。臺灣地小人稠，又缺少天然資源，在提昇國民素質的競賽中我們沒有落後的本錢。第二是近年來國內在科技與經濟建設，政治的民主化以及社會制度等方面都在快速進步之中；在教育這一個重要環節上，也必須同步地進步。第三是在我們的教育系統中確實存在著一些不正常的現象，有一些亟待改進的地方。對於教育的改革，依我個人的淺見，大家應有以下幾點共識。

改革不是革命，應建立在過去既有的基礎上，要珍惜過去的諸多成功的地方，不要使其受到傷害，更不能全盤地推翻或否定過去的優良傳統。

教育改革的工作，當然是教育工作者的事；但不只是教育工作者的事，也應該是全民參與的大事，包括家長、社會上的各行各業，各層級掌管各種不同事務的政府機構和學生們自己。其中並不應有改革者與被改革者之別，大家都是教育的改革者；改革的對象是教育工作中的許多問題，共同的目標是把我國的教育推向進步的方向，全面提昇國民的素質。

為了推動教育改革，曾提出了「鬆綁」二字，是一個響亮的口號；但也引發了一些不必要的誤會，花費了一些口舌和筆墨來詮釋它的含義。依我個人的淺見，把它寫成制度和觀念的合理化就可以了。在教育系統之中，並沒有誰是綁人的人或是被綁的人；而是在推動教育工作時，都應該遵循許多有關的法令、規章、或制度。在這些規定之中，由於時日的變遷，有一些已經是不必要或不甚合理了，是否應該廢止或修訂？另外，對一些現在常常發生而過去沒有的問題，是否應該制定一些規章以資遵循？在這些方面，有許多值得檢討的問題。有許多傳統的觀念，在當前的環境中，似乎也有加以檢討的必要；如何建立更合理的新觀念，也是需要大家共同多加思考的問題。

國民教育的目標

在諸位老師面前談什麼是國民教育的目標，確實是自不量力；因為諸位是專家，我是外行。

因此，只是把個人的一些淺見提出來，請諸位參考並指教。

國民教育的對象是及齡的每一個學童，而不是其中的菁英者；因此，教材與教學方法的規劃與設計都應顧及這一個原則。國民教育最重要的目標應該是培育每一國民，使他們都能具有作為一個現代化國民的基本知能；其中包括生活的能力，及讀、寫、算的基本能力，思考、判斷、創造的能力，以及表達自己的意見的能力和與他人合作的能力。澳洲在他們的教育改革的計畫中提出了七項關鍵能力，值得我們參考：

一、蒐集、分析與組織資訊的能力。

二、溝通觀念與資訊的能力。

三、計畫與組織活動的能力。

四、與他人合作，在團體中工作的能力。

五、運用數學概念與技巧的能力。

六、解決問題的能力。

七、運用科技的能力。

以上談的都是關於「能力」這一方面。從另一個角度看，如果我們有一個旅行團，其成員是各行各業的人，在國外觀光旅遊的途中，遇到了從別的國家也是由各行各業所組成的旅行團，如果在當地人的眼中看來，認為我們的團員言行舉止較有水準，則顯示我們的國民素質比較高。在這方面，靠的不是所穿戴的名牌服飾，也不是外匯的存底，而是教育的成功。這也是教育工作的一項重要目標。

國民教育的目的並不是為升學做準備工作；因此，升學率不應該作為考核一個學校、老師或是校長的指標。

教師的社會使命

談到這裡，在座的諸位老師心中難免會說：你講的這些難道我們不知道嗎？但現實的環境，社會的觀念並非如此。這就是我在前面所說，教育改革不只是教育工作者的事，而是全民的大事。社會整體是一個龐大而複雜的有機體，而我們每一個人只是其中的一個小零件。但是我們每一位老師都應該是一個發揮正面作用的零件，不只是在教育工作方面，在其他各方面，也都是社會上的示範者。

國民教育的成敗，關係著未來國民的素質和國家整體的競爭力。教師工作的重要性自不待言。這個使命的擔子是非常重的；因此，在每一位老師的心中，要自認為是一位「教育家」。教育家和教書匠有所不同，就像藝術家和畫匠有所不同一樣。畫匠要迎合顧客的需求，畫的是顧客心中所企求的福、祿、壽、多子多孫、白頭偕老等等，於是生意很好，可以賺不少的錢；但是藝術家要表現的是他心中的情和他眼中的美，希望將觀賞者導向更高的藝術境界。教育家和教書匠之間所差的不應該是學位、職位等等可以量化的指標，而是心中的一點理想和對社會的使命感。

現在，許多在一般大學裡的同學，希望能參加教育學程，修教育學分；也有許多人在畢業後，入國小師資班；都是希望有機會當老師，認為在國中或國小當老師，工作有保障，待遇不錯，生活安定，也比較自由，照顧家庭和小孩也方便些，這些都是合理的期望。但在座的諸位老師一定想告訴他們，在國中和國小當老師並不如他們想像的那麼舒服，工作辛苦，責任也重。就像醫生工作的成敗關係著病人的生死一樣。老師們工作的成敗，關係著孩子們一生的前途，這個擔子是非常沉重的。

教育改革的全民性與整體性

我們的社會是由許多環節組合而成的有機體，許多問題都是互為因果，環環相扣的。我們往往把當前教育上的許多不正常的現象歸咎於聯考制度，文憑主義，升學主義，士大夫的思想或唯有讀書高的價值觀。但是我個人的淺見是，這些主義、思想或價值觀是會隨著現實的環境而改變或修正的。問題是，許許多多做父母的，除了聯考、升學、取得文憑以外，看不到其他明確的，他們的子女可以求上進的途徑。既然上進的路只有一條，在這條路上發生塞車的現象是必然的結果。於是升學的壓力把學生、老師、家長和教育行政人員都壓得喘不過氣來，也壓出了許多病象和問題。

對於教育系統的塞車現象所造成這些病象和問題，用法令、規章來加以糾正，或是以理來宣導，恐怕都不是有效的解決辦法，而是應該多開拓各種不同的上進途徑。在教育系統中，可以做的是多設高中和大學，並且多開闢經由技職系統的升學管道。在政府財力有限的情況下，可以設法引導民間的資金投入於教育事業。除了升學以外，社會上應有各種不同的上進途徑，這些途徑可以用改進或強化證照制度、考銓制度、人事制度、兵役制度……等的手段開拓出來。

教育的改革，不能單純地以教育的手法為之，而應該是一個全民性、整體性的運動，需要各行各業以及所有的各級政府機關的合作與支持，而每一位教育工作者更應該發揮其正面的影響力。

就業訓練、升學輔導與教育

過去的四、五十年，我們在臺灣的建設與發展，經過了一段相當辛苦的歷程，也獲得了頗可自豪的成果。過程中往往把經濟建設和科技發展列為優先。有許多人難免在觀念上認為教育工作應該以配合國家的經濟、交通、國防……等等的建設工作為目標。對學生個人和他們的家長來說，是否能獲得一技之長，以便養家活口，自是非常現實的問題，因此也難免把受教育的過程中，就業訓練的部分看得很重要。又因為較高的學歷或文憑，對於就業、薪資、升遷等等都有幫助；因此，大家又把升學輔導看得很重要。

諸位老師是學教育的，當然瞭解教育的獨立重要性，不需要由我來說明。教育建設與國家的其他各方面的建設當然有相互合作配合的關係。但我們從事教育工作，絕不只是消極地「配合」國家的其他建設。教育工作中當然有就業訓練和升學輔導的成分，但應有遠大於此的目標。我們應以人本的立場，站在學生的角度來思考。教育的目標並不是把學生訓練成很會拉車推磨的水牛或是日行千里的戰馬，而是把他們培養成「受過很好教育的人」。希望我們的國民都有很高的素質並且過著高品質的生活。上述的原則，諸位老師比我瞭解得更清楚；但是要知道，追求安定的職業，較高的職位和收入也都是很實際的問題。因此，欲達到教育的目標和理想，還得先暢通多元的升學管道，和提供青年們多元的上進途徑才行。

有教無類與因材施教的原則

有教無類與因材施教是兩個大家公認為合理的教育原則，但又經常地有常態編班和能力分班的爭議。各級教育行政機關，自教育部以降，常以行政命令來推行常態編班的制度，也經常遭遇到一些家長或學校方面的抗拒和不滿。我個人的淺見是，我們應該檢討一下：在常態編班的制度下，是否真的做到了有教無類？是否真的違背了因材施教的原則？在能力分班的制度下，是否真的做到了因材施教？是否真的違背了有教無類的原則？也檢討一下，問題真正的癥結在那裡？

國民教育，包括國小及國中，是全民的普及教育，不是菁英教育。在實施九年國教之前，進初級中學要經過入學考試，學科能力較強的自然會考入志願排序較高的初中，較弱的進入排序較後的學校，剩下的則根本沒有接受初中教育的機會。在入學考試時，實質上就做了能力分班的工作。當時初級中學的教材，是為那些經過篩選的學生所設計的。但是在實施九年國民教育之後，國民中學的教育目標與當年的初級中學不同，教育的對象是未經篩選的全體少年國民。因此，教材的內容與教學的方法也應與當年的初級中學有所不同；否則，即使強制性地實施常態編班，必然會造成學科能力較強的小孩聽得不耐煩，而較弱的完全聽不懂老師在講什麼的現象，徒然浪費了千千萬萬少年國民的寶貴光陰。

國民教育既然是全民的普及教育，每一個少年國民便應該享受到同等的教育資源，包括硬體的設備和老師的時間與關心。許多學科能力比較強，性向適合於升學的，國中畢業以後進高中，然後進大學、研究所……，一生當中會享受到非常多的國家的教育資源；但另外一些不升學的，他們除了九年的國民教育階段以外，就不再有機會享受國家的教育資源，而他們的家長也一樣地納稅。因此，在國民教育的階段，是不是應該多花一些教育的資源在這些升學機會較少的孩子們的身上呢？學科能力較弱，比較不乖，家庭環境不好的學生，當然比較難教。所以，是不是就應該請最優秀、最有經驗，對學生最有耐心的老師去教他們呢？如果校長讓一位老師去教這些難教的孩子，這位老師是不是應該感到高興而自豪呢？因為校長認為只有他才能把這些孩子教好。

我們常用「附加價值」的多少來衡量一個工廠的高下。原料進入這間工廠化為成品後離開，重要的不在於成品的價值，而是成品的價值比原料高出了多少。一塊木頭、石頭或是泥巴，經過一位大藝術家的手之後，都可成為珍品傑作。而金匠把黃金做成金飾，賣得相當貴，因為黃金本來就是貴東西，手工錢在售價中並沒有佔很大的比率。我們從事教育工作，是否也應作如是觀？輔導一位學科能力好的孩子考上一所他理想中的高中，固然有功勞；把一位家庭環境不太好的孩子從墮落中救出來，應該是一件大了不知多少倍的陰德。

在國民教育教材的取捨和教法的規劃上，以及在資源的分配上，都應該著眼於大多數的少年國民，也要重視弱勢的孩子們求學的權益。高等教育本是菁英教育；把高等教育普及化，代表著社會的富裕和進步。國民教育應該是普及教育；但若把國民教育菁英化，則必然會導致諸多不良的後果。

教師的自主權

國民教育階段的教學工作，因為對象是心智尚未成熟的少年，難度非常高，常常會出現各種不同的狀況，因此不易定出許多規則來，告訴老師們在何種情況下，應該怎麼做；而是應該讓老師們享有充分的自主權，看當時的情形，自己決定怎麼做。我個人覺得，當國中和國小的老師，必須遵守一條規則，就是對孩子們有愛心，喜歡他們，願意負責任把他們教好。因為以愛心為出發點所做的任何決定都是對的；即使錯了，也是可以原諒的。違反了這一條規則而做的任何決定都不可能是對的，雖然有很大的學問也是沒有用的。

一位有愛心、負責任的老師，自然而然地會不斷地充實自己的學識，改進自己的教學方法，也會顧及孩子們身心都還幼小脆弱，避免使他們受到傷害。我們不時在新聞媒體上看到有人問教育部，什麼可以，什麼不可以，等等的問題。我個人的淺見是，處理物的問題，可以有許多明確的定律，只要遵守這些定律，多半不會出錯；但處理人的問題則沒有這麼簡單。師生之間的關係，和親子、夫妻之間的關係一樣，最好不要落到需要去查法律條文，才知道怎麼做才對的地步。教育是一種良心事業，人與人之間本應多一些互信，還是少一些不必要的規定，讓老師們多些自主權的好。

記憶、思考、判斷與創新

人在年紀幼小的時候，記憶力好，應該趁著這個時候，多學些要靠記憶才學得會的東西，例如：認字、寫字、九九乘法表，多背幾篇大家公認為很好的文章和詩，……等等。記得愈多，等將來長大後的受用也愈多，但是孩子們的時間有限，我們要為他們做一些選擇的工作，哪些是值得去記的，哪些是沒有太大意義，不值得浪費時間去記的。許多要靠記憶來學習的東西中也找得出一些規則來，並不是全靠死記的，例如國字的寫法和英文的拼法中是有一些規律性的，而九九乘法表更是非常有規律，聰明的小孩子自己就會把它找出來，很快地就背熟了。文章和詩中當然有許多推理和趣味性。我們應該把這些規律和趣味讓孩子們體會出來，以免痛苦地去強記、死記。

在以後的時代裡，由於工具的進步，許多事可以由工具來代勞，非下功夫苦練不可的本領會愈來愈少的。

有許多問題事實上並沒有標準答案，對這些問題我們不應該定出一個標準答案來讓孩子們去記住。記得我在上小學二年級的時候，老師考改錯，其中有一題是：「小白兔在草地上吃花。」我看到這一道題之後，就知道老師是希望把「花」字劃去，改成「草」字。但是那時我也在想，對小白兔來說，是不是花比草更好吃？牠會不會先把花吃完了再吃草？結果當然是揣摩著老師的心意作答，拿到了分數。過了六十年之後，如果有人罵我是個不敢仗義執言的老油條，也難怪會如此，上小學的時候就受這樣的訓練了。現在，許多測驗卷中難免還有一些事實上並沒有標準答案，但卻有預期的標準答案的問題，例如：「爸爸去上班，媽媽在家裡煮飯」等等。我們不能從小就訓練孩子們說連自己都不相信的話，也不相信自己所說的話。

許多的問題都可以提出來討論：爸爸每天出去上班，媽媽在家煮飯的家庭比較多，但也有爸爸在家煮飯的家庭，也有兩人都有職業，誰先回家誰就煮飯的家庭。吃媽媽燒的菜，營養應該比到速食店去吃漢堡更為均衡，但老師有時候也會帶著自己的小孩到速食店去吃漢堡……。這些都沒有標準答案，但藉著這些問題都可以培養孩子們自己思考，自己去判斷的習慣。

我們也應該從小就培養孩子們能創新，有自己的意見的習慣。對於一個問題，書上是怎麼說的，老師是怎麼說的，爸爸媽媽是怎麼說的，我自己的看法又如何？有時候自己會不會想出一些比別人更好的意見或辦法？

目前在我們的學校裡是否過分重視分數的高下，和一分兩分的差別？如果六十分是及格的話，考試成績在六十分以上就不是壞成績。斤斤計較於九十七分、九十八分之間的一點差別是沒有什麼意義的事，徒然浪費了孩子們和老師們寶貴的光陰。我們講「鬆綁」，一定要設法把老師、學生和家長們從過分重視量化評量的壓力中解放出來，教育的正常化才有希望，也才能讓少年國民成長得更為健康快樂。

創造歡樂的校園環境，教材的生活化與趣味化

求知慾是人的本能，尤其在青少年時期，要不停地攝取食物，以便使身體壯大；也要不停地攝取知識與經驗，以便使心智成熟。青少年在生活中學習，在遊戲中學習；而在學校裡，則可以讓他們有系統地學許多在生活中學不到的東西。學校使學生的視野擴大，擴大到世界各地，擴大到過去，也擴大到抽象的觀念裡。在生活中、遊戲中的學習是主動的，自然發生的趣事，因此學習的效果比較好；在學校裡的學習難免較為被動，也難免使學生覺得不是很有趣，甚至有點痛苦。

在過去私塾時代，有些老師把學生當鴨填，把許多飼料硬填進肚裡去。作為這些老師的學生當然是極度痛苦的事，學習的效果自然也是非常不好的。現在，我們當然不能再把學生當鴨填；也不能把學生當飼料雞來養，期望他們吃一樣多相同的飼料，長得一樣地快；也不能把學生當放

山雞養，任他們自生自滅；這些作法都有違人道。把學生當什麼來養呢？答案很簡單，就是把學生當人來養，當孩子們來養。

如果能把學校，尤其是國民教育階段的學校，當做一個大家庭來經營，使校園裡充滿了歡樂，老師之間、學生之間不要再為了幾分之差的問題來斤斤計較，老師們以教育自己小孩的心情來教育學生，使學生們從家裡走到學校，就像從一個家走到另一個家一般，盡量地使教材生活化、趣味化；這樣，教學的效果會不會更好呢？學生在學校裡學到的會不會反而更多呢？

對於一些學習能力比較弱的孩子們，是不是可以選用比較簡易的教材，或是更能引起他們的學習興趣的教材？求知慾就像食慾一樣，是成長期青少年的天生本能；如果能為他們準備了對胃口的菜餚，沒有不肯吃的道理。

今後的世界將是一個知識爆炸的時代，尤其是科學與技術的發展快速，今日的新技術，短時間之後難免會被更新的技術所取代。因此，一個具有國際競爭力的社會必須是一個終身學習的社會，每一個國民都應該不斷地充實自己，吸取新知。國民教育的一項重要任務就是為終身學習的社會打基礎。換句話說，就是培養求知的興趣、意願和能力。要使少年國民覺得讀書、學習、求知是好玩的事，不是痛苦的事。營造歡樂的校園環境，和教材的生活化和趣味化是國民教育成敗的一項重要因素。

教育的制度與資源

今天我在這裡提出來談，請諸位老師指正的都是一些國民教育中與老師們的任務相關的問題。除此之外，當然還有許多其他與國民教育的品質與成敗相關的問題。例如在人事制度、會計制度、各級教育主管機關和學校的行政運作等方面，都有值得檢討的問題。在我們的國民中小學中，班級學生人數都普遍偏高，在大城市中有許多學校的規模過大。在資源的分配方面，我們有大量的民間資金投入在各種形式的升學補習班中，家長們也把許多教育費花在這些補習班中。如果能夠設法將這些民間的資金引導到正規的教育事業中，興辦較多的私立學校，或可有效疏解升學壓力，進而消除教育系統中的一些病象。

大學校長的遴選制度與學校發展

一九九五年四月二十九日「一九九五大學教育學術研討會——大學自主與社會責任」

摘要

國內各大學按照八十三年元月修正公布的大學法第六、七兩條的精神進行校長遴選的工作，可以說已經累積了兩、三年的經驗，應該是到了加以檢討的時候。由於過去數十年中，國家的動亂以及政治、社會環境的影響，雖然教授們的學術研究與歐、美、日的好大學相較並不遜色，但在各種運作制度方面，包括校長的產生，卻尚未達到發展成熟的階段。在民主化、多元化、自由化與國際化的潮流中，謀求校務的進步與發展，校長的角色至為重要。為了獲得最理想的人選來擔任校長，如何改進校長的遴選制度，並使校內外人士對此一問題能有正確的認識與健康的心態，應該是當前各大學一個迫切的問題。

在目前的制度中，公立大學也是政府組織系統中的「機關」，而校長就是這個機關的首長。在校內，校長一方面是各行政單位的首長，另一方面也是各學術單位的首席主管；在學術事務的決策上要尊重教授們的意見，在行政事務的處理上要遵守政府的行政命令，因此發揮個人抱負與理想的空間並不如一般社會上想像的那麼大。但是，校長畢竟是全校中最具影響力的人，還是值得讓一位學者投入幾年寶貴的時間。

理想的大學校長應該是一位有民主素養，能尊重學術自由，有寬廣的胸襟與包容性，有前瞻性的視野與國際觀，並且具學術成就與行政才能的學者。他也要是一位喜歡年輕人的好老師，能站在學生的立場思考問題，也能站在全民或國家的立場來思考問題。遴選校長的目的在於能得到一位最適任的人士，而不是找出一位意願最高的或是最符合遴選辦法的人士來擔任校長。我們也不應在「擔任校長的意願」與「一旦擔任校長之後在校務工作上投入與付出的程度」二者之間，畫上一個正比例的符號。

大學校長的任命，由於時代與文化背景以及社會與政治環境的差異而有各種不同的制度，各有其優點與缺點。目前國內各校在遴選委員會的組織及辦法細節上的差異並不太大，在實際的運作中都有若干尋找(search)，選擇(select)和選舉(elect)的成分，各成分所佔比例的高低則視學校的不同而有若干差異。大致上，所產生的校長來自校外的機會不大；一些呼聲較高的候選者不論最後是否被任命為校長，或多或少都難免受到一些傷害。

校長遴選的制度，很難達到完美的地步。我們所需要的是三、五年的時間，等大家經歷的次數多了，見的也多了，在觀念與心態上自然會達到正常化、健康化與成熟化的地步；才能以平常心，當做例行的事務來處理大學校長的遴選。

引言

八十三年元月五日總統修正公布大學法全文。其中有關校長的產生的有第六和第七兩條，明定先由各校組成遴選委員會遴選二至三人後，再由教育部另組遴選委員會擇聘其中之一人為校長。在遴選委員會的組織與運作方式以及委員的產生方式等方面，則留下了若干彈性的空間，由各大學自行在組織規程中訂定。大學法的修正公布到現在雖然只有一年又兩個月，但因為在此之前已有幾所大學大致上按照第六、七兩條的精神進行校長遴選的工作，我們可以說已經累積了兩、三年的經驗，應該是到了對此一問題加以檢討的時候。

發展與成熟的過程

今年是中華民國八十四年，對一個人來說，八十四歲應該是一個成熟度極高的老人；但對一個國家來說，八十四年仍是相當年輕的階段，一切的運作制度仍然是處於發展與成熟的過程之中，政治、經濟、教育的制度是如此，大學校長遴選的制度也不例外。

在過去的八十四年中，大部分的時間都處於動亂與不安之中，各種的制度並沒有得到多少成長與進步的機會或空間。過去的四十幾年在臺灣，是一段相當長的安定時期，各方面的建設與進步都非常快，被國際間譽為奇蹟；其中當然也包括教育的建設與進步在內，教育工作者的辛苦與功勞是不可磨滅的。但是在過去的四十幾年中，臺灣一直受到海峽對岸軍事與政治的威脅與壓力。各方面的建設與進步都受到此一因素影響，與政治較有關連性的各種制度，受到的影響當然更大；教育方面的人事制度以及校長產生的制度等等也包括在內；在外在的強大威脅與壓力之下較為畸形的成長，造成了教育與政府有關的制度進步較經濟建設慢的現象。類似的現象也出現在大學的校園中：大學教授們在科技方面的學術研究的成果，與歐、美、日的好大學的教授們相較，已經並不遜色了，但在校內的各種運作制度方面，包括校長與各種行政主管的產生，卻尚處於相當不成熟的階段。

在歐、美、日本的大學中，各種的制度是與世界上其他的大學同步地發展與進步的，相互之間沒有太多的落差，因此感覺不到落差的壓力。在一些發展較為落後的國家的學校中，在各種制度上雖然與外面的世界之間難免有一些差距，但在經濟建設等方面的差距也大，因此這些差距所造成的壓力也不一定很大。我們和一些情況類似的國家，可能是世界上的一些特例。

國內政治的民主化，發展到現階段所衍生的一些現象，對國立大學的運作難免產生一些影響：其一是政府機關間的制衡機制日趨複雜，政府官員想做壞事，固然變得不容易，想多做些例行事務以外的創新性的工作，同樣也變得不容易了。大學的運作本來就應該在教學、研究及制度上不斷地求突破、求改進，因此所造成的影響也最為顯著。其二是在稅收不能增加的情況下，社會福利日漸增多。使中央政府財務日益拮据，首先受到衝擊的就是國立大學。其三是校園民主化與教授治校的聲音，使握住校長和學術主管任命權的這一個鐘擺的手鬆開了，鐘擺正在擺動之中，希望它能早些穩定在最舒適的平衡位置。

現階段國內大學校長的角色與定位

大學校長是一個頗具多樣性的角色。以國立大學為例，它是由教師、職員、工、警與學生所組成的；除了學生以外，職員、工、警以及兼任行政學術主管的教師，包括校長在內，都是公務人員。而公立學校的教師，在人事制度中，與一般的公務人員並沒有太大的差別。公立學校是政府組織系統中的一個「機關」，而校長就是這個機關的首長。所不同的是，教師和教師兼任的行政主管們拿到的是校長每年發一次的聘書，校長們拿到的也是為期三年由教育部部長發給的聘書，有別於一般公務人員與機關首長所拿到的派令。國立大學一方面是教育部所屬的機關，同時也像其他機關一樣，受到人事系統、主計系統以及監察與審計單位的制衡或監督。因為預算要經過立法院的審查，國立大學的校長也要像其他中央所屬的機關首長一樣，每年列席一次立法院的預算審查會議。也許因為拿的是聘書而非派令，教育部部長以及其他各級政府的官員，在禮貌上對大學校長都相當尊敬客氣，就像校長們也都很尊敬教授一樣；但在公務的運作上則不論是在課程、人事、財務等方面，授權的彈性都相當有限。今後的發展是趨向於給予大學更多的授權與自主；但在目前的大環境中，開放的速度與尺度能有多快多大，則有待時間來證明。

在校內，校長一方面是各行政單位，如教務、學生事務、總務、人事、會計等的首長，另一方面也是各學術單位，如系、研究所、院等的首席主管。在學術方面的事務的決策，校長要尊重教授們的意見；在處理行政方面的事務時，校長要遵守法令規章和行政命令。一方面因為何者是學術問題，何者是行政問題，二者之間很難劃分；另一方面由於近年來校園民主、教授治校的呼聲高漲，許多較重要的決策都是由各種不同的委員會來議定，最重大的決定則須由校務會議決定。

由大學法第六條中的第一句：「大學置校長一人，綜理校務」似乎看不出一位大學校長有多少發揮自己的抱負，實現自己理想的空間。由前述的事實看來，此一空間似乎並不大。的確是如此，但校長畢竟是全校中最具影響力的一個人；一位好的校長可以發揮服務性和領導性兩方面的功能，二者之間的比重當然因人而異，但大致上在規模較大的學校中，服務性應該遠大於領導性。一位成功的校長會使各行政單位的士氣提高，進而創造更好的教學研究的環境，並使學校獲得更多的資源；他也會設法提高各學術單位教學與研究的風氣，進而產生更多更好的教學與研究成果，並使校譽提昇；他為人處世的風格會影響校內的氣氛，使之成為一個祥和的大家庭。總之，一位大學校長，還是擁有不少一展所長的空間；雖然不如一般社會想像的那麼大，還是值得讓一位兼具學術成就與行政才能的學者，投入幾年寶貴的時間的。

許多大學的校長，大概都聽過一種聲音，希望他們學學蔡元培，「看看人家蔡元培是怎麼當校長的！」但是，在蔡元培的時代，全國一共有幾所大學？當時北京大學的規模有多大？當時北京大學的人事與財務制度如何？當時的北洋政府有什麼人事與審計制度？蔡元培是經由如何的遴選程序而就任北京大學校長的？大家所推崇的蔡元培能容納各種不同類型、不同政治立場的人士在學校裡；但是，當他聘請這些教授時，是否需要經過校內各級的學術評議的程序？現在大學的師生是否同意讓校長擁有當時蔡元培的權力？現在的政府和制度能否像當時的北洋政府對蔡元培一樣，給各大學的校長充分的尊敬與授權？對現在的大學校長說：「你們看看，當年蔡元培是怎麼當校長的！」就和對現在的總統說：「你看看，當年唐堯、虞舜是怎麼治國的！」有些類似。

大學校長須具備的條件

如前所述，一個大學的校長兼具學術單位的首席主管和各行政單位首長的角色，因此也必須兼具學術與行政兩方面的素質。

大學校長必須也是一個好老師，有教學經驗，喜歡年輕人，瞭解年輕人，也能時常站在學生的立場來思考問題。

大學校長應該是一位在學術研究上有相當成就的學者，對學術研究以及如何提昇學校的水準有正確的認識。

大學校長要有行政上的經驗與能力。一個規模大的綜合大學的校務行政頭緒繁多，身為校長者要能夠使校內各單位的工作同仁，各自充分發揮所長，共同為學校發展貢獻心力。

大學是社會中的一分子，對外關係也很重要。校長要能使學校與政府和民間的各種團體與個人之間，維持良好的關係，並使學校獲得最多的支援與資源。

每一位好老師都應該有一個教育家的心，校長更應如此，對教育工作要有熱忱與理想。今後將是一個民主化、多元化、國際化的時代；身為一個大學校長，必須有民主的素養，能尊重學術自由，有寬廣的胸襟與包容性，也要有前瞻性的視野與國際觀。我們的社會往往視大學教授為校內、校外在品德操守方面的示範者；對校長的要求更是如此，身為校長的要能達得到這一個標準。

大學，尤其是國立大學，是屬於全民的、國家的公器；但是，對於某些問題，國家或全民的利益、學校的利益、教授們的意見、學生們的意見，四者往往並不會重合在同一個點上，當校長的要能夠把這些問題的答案，引導到最佳的平衡位置上去。

各大學在遴選校長時所要求的條件，大致都在以上所述範圍之內。這些條件都相當抽象，如果能拿到滿分的話，當聖人也差不多夠資格了。作為一個大學校長，總要在這些項目中都能拿到及格的分數才行吧！另外，各校也提出了一些具體的條件，例如：任教年資，擔任校內行政職務年資，不得兼任政黨職務，不能有外國公民身分等等，都不難達到。

誰願意當大學校長？應該讓怎樣的人來當？

這是兩個耐人尋味的問題。照理說，一個人要能在上節所述的許多條件中達到及格的分數，才有成為大學校長的可能。遴選的目標當然是要設法找到一個分數高的，但這些條件都相當抽象而難以量化。我們不妨由意願的角度來思考。一個能夠達到上述的所謂及格水準的人，不可能是一個賦閒在家的人，在生活上或家庭經濟方面都應該沒有什麼問題，因此不會十分在意待遇的高低；校長的工作雖然很忙、很累人，但一個有擔任大學校長資格的人，他原來也不可能是一個輕鬆悠閒的人。問題是，如果擔任校長的話，難免就要放下全部或大部分手中現有的工作。這時候當然就會衡量一下，在同樣長的一個期間中，擔任校長或是從事原來的工作，何者會有較高或較多的成就或貢獻？換句話說，大學校長這個職位是否比現有的職位能提供他更大的揮灑空間，使他這一段人生過得更充實而有意義？自己對這兩種性質並不相同的工作何者有較高的興趣？等等，把諸如此類的因素一併列入考慮之後，放在天平上秤一下，如果校長的這一頭的分量較重，他的意願自然也比較高；否則，他的意願恐怕不會太高。果然如此的話，我們是不是可以說，大致上，在前節所述的各種條件中能夠得高分，而眼前又沒有一個能使他充分發揮所長的其他職位或工作的機率應該不會太高，希望換一個新職的意願也不會太高。我們似乎不能把「擔任校長的意願」與「一旦擔任校長之後在校務工作上投入與付出的程度」二者之間畫上一個正比例的符號；因為在他的天平上，校長這頭的分量不是很重的人，一旦讓他坐在校長的椅子上之後，他必然會盡最大的努力設法加重校長這頭的重量；否則的話，他會對不起因為放棄了原來的工作所作的犧牲。校長遴選的目的是設法得到在所設定的各種條件中，得分最高的人來擔任這一個職位。如果諸葛亮或是姜子牙是其中的人選的話，那大可不必要求他們寫一份申請書；更不能像選美大會中一樣，讓他們打扮起來，在伸展臺上來回走兩趟，讓大家看看。

國內外大學校長的遴選制度

大學校長的遴選，在不同的國家、不同的時期和不同的大學中有許多不同的制度，其間的差異相當大。這些差異，有的是因為在不同的大學裡，校長所扮演的角色有所不同，也有的是因為社會的大環境、歷史文化的背景，以及政治制度的不同所造成的。各種不同的遴選制度，各有其優缺點。訂定一個完美而無缺點、無漏洞的制度是不可能的事；運作是否成功，人的因素是相當重要的。

在討論校長的遴選制度之前，首先應該釐清：大學是屬於誰的？誰來管大學？國立大學用的是納稅人的錢，應該是屬於全民的。誰代表全民來管大學？這自然而然地就成了政府的責任。因此，過去有一段很長的時間，大學校長人選的產生是由教育主管單位來作業；國立大學由教育部處理，省立大學則由教育廳來處理。教育部部長要將所建議的人選提交行政院的院會作最後的決定，而校長的聘書則是由部長具名頒發的。這樣的任命(appoint)制度，當然與誰是決策者關係很大。國立大學是國家的名器，校長在社會上的地位崇高，自然應該十分慎重地禮聘知名的學者來擔任。在過去的數十年中，也不乏成功的實例。當年的北洋政府雖然乏善可陳，但所任命的北京大學校長，如蔡元培等，都是相當好的人選。臺灣光復初期，在政治上、經濟上都很不安定，但所任命的臺大校長如傅斯年、陸志鴻也都是相當好的校長。由政府任命的制度，當然會產生各種流弊，如任用私人，作為政治酬庸，成了失意政客暫時棲身之地等等。國內的私立大學都有董事會的組織，校長的任命由董事會來決定。董事會辦學的理念如何？董事會的組織是否健全？董事長與校長之間的分工與授權的情形如何？等等，各校之間的差異可能相當大，校長任命的程序在實質上的差異也會相當大。

美國的大學，私立學校也好，州立學校也好，大致上都有董事會或類似董事會的組織；校長出缺後，如何遴選繼任者，當然是董事會的職責之一。一般都是要組成一個遴選委員會(search committee)來處理。遴選委員會成員的產生以及運作的程序，在各校之間難免有不少差異，但在精神上則偏重於尋找(search)，就是設法去「找到」一個最適當的人選，而不是被動地在一群候選人之中選擇(select)一個最適當的人選，更不是去選舉(elect)一個最適當的人選。

我們的現行大學法中規定，大學校長的產生，先要由學校組成一個遴選委員會，遴選二至三人；公立的學校要再由教育部另外組成一個委員會，從這二至三人中擇定一人；私立的則由董事會擔任教育部的大部分工作，但最後的人選要經教育部的核定才可聘任。學校所組成的遴選委員會，成員中有二分之一以上為教師代表、校友代表和社會公正人士，其組織細節及運作方式等，由各校在其組織規程中自行訂定。教育部的遴選委員會的組織及運作方式，則由教育部訂定；但到目前為止，雖然已經處理過幾次校長的任命，似尚未見諸文字。目前各校的遴選委員會，在組織及運作的細節上，差異並不太大；實際的運作中，都有若干尋找(search)的成分，有若干選擇(select)的成分，也有若干選舉(elect)的成分；各成分所佔比例高低，則視學校的不同而有若干差異。大致上，所產生的校長，來自校外的機率不大；這與美國的制度所產生的校長，大部分是從校外找來的情況，正好相反。在遴選的過程中，總會有幾位呼聲較高的候選人，他們不論最後是否被任命為校長，或多或少都難免受到一些傷害。

在德國和日本的一些學校裡，校長是由選舉產生的。德國的一些學校中，是由教師、職員和學生票選，各佔一定的比例。在日本，如東京大學、東京工業大學和大阪大學，是由教師們分階段票選。從候選人的產生到全部過程結束，期間很短，因此，不可能有競選拉票等等的情形發生。

任何一種制度都不可能完美無缺；因此，運作是否成功，人的因素很重要，校園中的氣氛也很重要。遴選的目的是找到一位最適合於擔任校長職務的人，而不是找到一位最能適應所採用的遴選制度的人。因此，遴選制度中如果有一些漏洞或不完美的地方，在運作的過程中，就要用人的作為來將其補足。

走向成熟化

過去的數十年，我們在經濟建設方面的確是非常成功；但在政治和社會制度方面，我們卻仍然是一個發展中的國家，包括校長的遴選制度在內。問題的關鍵並不在於制度本身，而在於制度中的人的成熟度。最近這幾年，年年都有選舉；選舉中所發生的許多不正常的現象，並不是民主制度的錯，問題恐怕在於選民的成熟度還不夠。對於校長的遴選，校內的教授們也好，教育部也好，大家都很關心；但大家都很不放心。關心和不放心，都是出於對學校的愛護，認為校長的人選對學校的發展十分重要，希望能找到一位最適任的校長。因此，大家的立場實際上是一致的，而不是對立的。如果有一些對立現象的話，是由於不放心所造成的；而所以不放心，則是過去的一些不愉快的經驗所造成的結果。大家都怕，如果把遴選的大權交到別人手中，結果產生了一位很不適任的校長，學校的前途就慘了，如何是好？如果用普選的方式，是不是產生一位人緣好，但無擔當的爛好人？會不會產生一位長於競選拉票的政客型人物？如果採用遴選委員會的制度，這些遴選委員們可靠嗎？會不會被某些候選者所左右而演變為委任直選的態勢？凡此種種的疑慮，使大家對遴選中的許多細節斤斤計較；而在斤斤計較中所議定的辦法，仍然不可能達到完美的地步。

在大學裡，常常需要教授們兼任學術或行政主管，這些服務性的工作是相當辛苦的，而且一定會犧牲許多學術研究的時間；因此教授們兼任行政主管，並不一定是很划得來的事。每一個當校長的人，都會對那些肯為他擔任教務、訓導、總務等兼職的同仁們心存感激。把一位有資格擔任大學校長的人任命為大學校長，也是如此。有機會多做些服務性的工作是很好的事，但也得放棄其他自己想做的事；對個人來說，是一件值得恭喜的好事，但絕不是一件恩惠。

國內各大學校長的產生，採用遴選的制度雖然已經有兩、三年了，但對每一個學校來說，都還是第一次，因此我們很難期望校內外人士以平常心，當做一件例行的事務來處理。我們還需要幾年時間，等大家看得多了，也想得夠久了，應該會自然而然地發展到一個成熟的階段。我們可以預期幾年之後，大學校長的遴選制度將不再是一個熱門話題；校長的遴選，在各大學的校園中，將是一個嚴肅，但不嚴重的事件。

結語

大學校長的遴選，實行到現階段，在法令規章和運作方式方面，都還有若干待探討的地方；大家對此一問題的共識，也尚未達到非常成熟的階段。教育部和各大學的運作制度，都可以繼續不斷地求改進。但在民主化、自由化與多元化的大原則下，產生一套絕對完美無缺的運作制度，是非常困難的。為了維護自由化與多元化的原則，在教育部和各學校的運作制度中，都應該留有若干彈性的空間。任何民主制度的成功都有賴於成熟、理性、觀念正確的「選民」，大學校長的遴選也一樣。各大學的教授和行政主管以及教育部，都應該培養互信與合作的心態和健康的價值觀。大家都應該以大學法第一條所宣示的：「大學以研究學術，培育人才，提升文化，服務社會，促進國家發展為宗旨」的觀點來思考問題，也應該多站在學生們的立場來思考問題。

現階段高等教育的問題與改革

一九九五年四月二十七日成功大學「兩岸大學校長學術座談會」
一九九五年七月二十八日《師說月刊》第八十三期

摘要

八十三學年度臺灣地區共有公私立大學校院五十八所、專科學校七十二所，學生總數六十八萬九千餘人，約佔全人口千分之三十四。各種不同類型的學校各有其特定的功能與重要性，應給予明確的定位和固定的辦學目標，而高等教育的整體目標，應為培養青年，使之在未來民主、自由、開放、多元化與國際化的社會中能夠面對競爭與挑戰，活得幸福快樂，有尊嚴也有貢獻。教育工作中有許多問題，其癥結在於社會上追求升學與文憑的一元化的價值觀。吾人一方面可開闢青年上進多元化的管道，以求紓解；同時也可預期此等現象將因資訊與交通的日益發達而逐漸淡化。大學應享有充分的自主權，但也要能為自己做的決策負責；並應設法解除因為行政系統中會計與人事制度的僵化所造成對高等教育的進步與改革的牽制作用。

在中央政府財政困難的情形下，應可放寬私人興學的標準與學費上的限制，以引導民間資本投入高等教育事業中；並另以貸款或稅制上的手段，來補助低收入家庭的子女接受高等教育。

聯合招生的制度在表面上雖甚公平，但也造成諸多不良後果；各級學校的入學制度均亟待改進，而多元化將是必然的走向。

引言

社會上政治、經濟、科技……各方面的建設與進步都需要高素質的人來推動實施；因此，教育工作的成功是社會進步的基本要素。過去數十年來，臺灣的發展被國際人士譽為奇蹟，教育工作者功不可沒。今後，國內的大環境將有更迅速的變遷，而教育應該是走在社會進步前端的一個重要環節。教育問題是社會問題中的一部分，與其他層面的各種現象有互動的關係；而高等教育中的問題與其他層級的教育問題也是互為因果的。因此，談高等教育的改革，不能只顧及當前在高等教育體系內的一些缺失，還要考慮到全面性的影響與因果的關係，更要前瞻未來：二十一世紀的新社會中需要怎樣的高等教育。

去年六月召開第七次全國教育會議，各界人士對高等教育提出諸多興革意見；行政院於去年九月成立教育改革審議委員會，高等教育的改革已列為其工作重點項目之一；本年二月，教育部發表《中華民國教育報告書——邁向二十一世紀的教育遠景》，並提出其對高等教育的想法與作法。高等教育的改革與何去何從，是目前政府、民間以及學術界廣泛討論的問題。本文謹就個人管見所及，就教於海峽兩岸教育界諸先進。

高等學府的現況與定位

表一是上個學年度中有關高等教育的一些統計數字。本學年度，由於一些專科學校改制為學院的關係，大學與獨立學院的校數已由上學年的五十一所增加為五十八所，其中公立的部分中包含九所師範學院。由這個表中的數字不難看出：不論在學生人數及校數上，專科學校都佔有相當大的比重，而私立學校則是以較少的教師與職員來培養較多的學生。不論公私立學校，職員對教師的比例都普遍偏低。在公立學校中，有十所綜合性大學，學生超過萬人的有四所；私立的綜合大學八所，其中七所的學生超過萬人。絕大多數的博士班研究生是在公立大學和獨立學院中，碩士班研究生也是公立學校遠比私立學校為多；但私立大學和學院卻比公立學校培育較多的大學本科的學生。這些現象顯然是由於財務的狀況不同所導致。三年制的專科學校招收高級中學的畢業生，在校數和學生人數上都不多，有逐漸改制為技術學院的趨勢。二年制的專科學校招收高級職業學校的畢業生；而五年制的專科學校則招收國民中學的畢業生，因此，只有最後的兩個學年才能列入高等教育的範疇。

如上所述，在高等教育的系統中，有規模較大、學生人數也多的綜合大學；有一些是研究生人數對大學本科學生人數比例較高、重視學術的研究大學；有偏重特定領域的獨立學院；有師範

表一　八十二學年度臺灣地區高等教育概況

	總　計	公立		私立	
		大學及學院	專　科	大學及學院	專　科
校　數	125	28	14	23	60
專任教師	33,392	11,418	3,415	7,376	11,192
職　員	10,193	4,024	995	2,851	2,323
學　生	689,185	149,658	60,758	176,673	302,096
博士班	7,713	6,851		862	
碩士班	28,117	20,524		7,593	
大學本科	285,982	120,901		165,081	
三　專	12,433	100	7,089	1,104	4,140
二　專	162,700	1,281	27,483		133,936
五　專	192,240	1	26,186	2,033	164,020

註：1. 八十三學年度大學校院數已增為五十八所，專科學校減為七十二所。
2. 五專前三年之學生為高級中學年齡。

大學和學院；還有不同學制的專科學校，其所扮演的角色應該都是重要的。但目前的現象是許多專科學校都希望升格為技術學院或社區學院，許多獨立學院希望擴充為綜合大學。各校辦學和發展的目標似乎都是一樣的，就是要設法成為世界一流的綜合大學。社會上一元化的價值觀和聯考的排行榜，或許是造成此種現象的主要原因。因此，談高等教育的改革，也要設法在制度上與觀念上，讓各種不同類型的高等學府，都能受到同樣的重視與尊重。要設法去使各校的校長、老師和校友們瞭解，把一所專科學校或社區學院辦得很好，對社會的貢獻也是很大的，並不亞於一所也是辦得很好的技術學院。一所學校的上進之路就是把它辦得很好，而不是爬升格與擴充的階梯。

高等教育的目標與理念

憲法第一五八條規定：「大學以研究高深學術，養成專門人才為宗旨；專科學校以教授應用科學與技術，養成實用專業人才為宗旨。」在八十三年修訂公布的大學法中規定：「大學以研究學術、培育人才、提昇文化、服務社會、促進國家發展為宗旨。」二者之間的差別不大，但細加比較之下，也可隱約地看出，由於時代的進步，教育與學術研究日益普及的影子。

自民國創建以來，八十多年中，歷經變亂，在不同的時期，國家民族面對不同的危機，教育工作因而也有不同的時代使命；其目標與理念，也必須配合時代的需求。臺灣過去四十餘年來，雖然社會相當安定，但也面對著海峽對岸強大的威脅；教育的目的與理念也免不了以經濟建設與反共抗俄為兩大主軸。現在，臺灣的經濟已經相當繁榮，在與海峽對岸的學者共同研討高等教育改革的趨勢的時候，首先應該深入思考，今後高等教育的理念與目標應該如何？

我們的下一代所面對的是一個民主化、多元化、自由開放的社會，科技日益發達，國際間的關係與交往也將愈形密切。由於經濟的繁榮，高等教育的普及化也是必然的趨勢。在此情況下，人本化的理念漸漸得到教育界人士的認同，認為：教育有其本身的目的，應該站在受教育者的立場來思考教育的問題；教育的目的是以栽培一個完整的人，使其充分實現自我為根本，而不應受制於職業市場、政治目標或其他意識形態等特定的需要。站在實用主義的另一個角度來看，教育是一種手段，也是一種投資，藉以提高生產力，增加所得。最近的一次調查統計的結果顯示，「校風篤實」的學校一直是最受企業界歡迎的大學。他們對大學畢業生最重視的是積極主動的工作態度、團隊合作的能力和專業知識，其次是對企業的忠誠度，和對新工作的學習能力或可塑性。事實上，「人本」與「實用」是兩個不同的角度，二者是不相衝突的。教育是手段，也是目的：站在社會需求的立場，是手段；站在受教育者個人的立場，是目的。教育工作的目標應該是：培養我們的下一代，使他們在未來民主、自由、開放、多元化與國際化的新社會中，能夠面對競爭與挑戰，活得幸福快樂、有尊嚴、也有貢獻。

社會的價值觀與多元化的青年上進之路

多年來，我們的教育工作一直是籠罩在升學主義和文憑主義的陰影之下。青年的上進之路似乎只有一條，就是升學。追求文憑，因為文憑真的有用。這種一元化的價值觀是教育工作的病根之所在，推動教育改革，必須要能從這個陰影中掙脫出來。一個健康的社會猶如一座金字塔，上面的每一塊石頭，不管位置的高低，都是重要的；而在它的每一個面上，也都有可以上進的階梯。技職教育的目的是為社會培養基層人才；但在高職和專科學校中的學生們，他們努力的目標似乎並不是先在學校裡學得一技之長，再到這社會的大金字塔的適當位置上，演好自己的角色，並且力爭上游。他們的目標是升學，插班進大學或是投考技術學院。升學的路走不通，就被家人、社會、甚至自己歸類為無上進前途的失敗者。

要使專科學校的學生在校期間能夠過得很充實，覺得很有前途和希望，必須改進師資的素質與教學的內容，並能與就業的需求相接合，使學生們覺得這些課程學會了之後真的有用。實行證照制度，是為在基層服務的青年增闢上進之路的一個非常正確的政策。要做到使專心投入於本位工作的青年，由於經驗的累積，能力的進步，或工作的績效而可以取得適當的證照，也要修訂有關的人事制度，使這些證照真正地有用，和文憑或學位一樣地有用。

最近《天下雜誌》調查統計的資料顯示：大學畢業生在製造業、高科技、服務業和金融業中的平均起薪約每月二萬七千元，三年後的平均調薪幅度約百分之二十三。臺北市的計程車司機每月的淨收入應該就可以達到這個標準；建築業的技術工人，如鋪面、模板、水電……等，每月的收入則遠高於此數。既然大學畢業生的薪資待遇並不高，為什麼年輕人還是擠向大學的窄門呢？除了上進的前途、職業的保障等因素外，年輕人所追求的還有職業的尊嚴，和社會大眾對他們的職業的尊重與尊敬。不能尊敬基層人員，不能尊重黑手的社會觀念，職業有高下之別的價值觀似乎是我們教育問題癥結之所在，其嚴重性隨著受教育機會的平等化而加深。

學校教育的問題是否可以用社會教育的手段解決呢？提昇全民的文化素養，使不同學歷、不同職業的國民在生活品味與氣質上的差異減至最低，高下之別的觀念便會跟著消失。今後將是一個變遷快速的社會，士大夫與科舉的思想雖然在國人的心目中根深柢固，但勢必由於資訊的發達與交通的便利而日益淡化；教育工作中的這一個病根，應該也會隨著淡化而消失。

大學自主與制度的合理化

近年來政治民主化衍生了兩項後果：一是在稅收難以增加的情況下，社會福利的擴充，一是政府部門間制衡機制的複雜化。前者使中央政府財務拮据，造成高等教育預算上的衝擊；後者則因為國立大學也屬於政府系統中的機關，被牽制在制衡的網中而不易動彈。大學自主的呼聲，似乎只在校長和學術主管的任命和學術的審議方面發生了一些效果。最近有人提出「鬆綁」這一個較易引起誤解的名詞。實際上，並沒有綁人者與被綁者之分，而是大家都被綁在經過多年的演變自然形成的制度和觀念的網裡。教育部也是被綁者之一。社會大眾都認為，在教育上有什麼缺失或是任何一所公立甚至私立學校教育品質不良，教育部都應該負責。因為要負責，教育部必須訂出許多規則以防止缺失或教育品質不良的情況發生。這些規則的確有防止較差的學校變得更差的作用，但也限制了較好的學校，甚至連教育部本身運作的自由度也受限制，致使效率降低，也使水準更高的大學不易出現。因此，談大學自主，必須先消除大有為政府的觀念，消除出現了什麼缺失都要由政府負責的觀念。給各大學自主的權，各大學也要為自己決策的成敗負起責任。讓各校自行處理學術審議的工作，自行發給各級教師的證書，自行規劃課程，自行考核學生的成績並發給畢業證書，各校也要自己對教師和畢業生的素質以及教學的品質和內容負起責任。對公立學校，教育部可以站在監督的立場，主導評鑑的工作，但可以不必負起管理的責任。對私立學校，教育部則可以扮演消費者文教基金會的角色。在美國和日本能夠產生哈佛和早稻田等一流水準的私立大學，或許就是因為在他們的制度中，允許私人辦一些水準非常差的學校的關係吧？我們是不是可以讓經濟學和優勝劣敗的自然定律來代替大有為政府所扮演的監督角色呢？

談大學自主和教授治校時，我們也要考慮一下：誰才是國立大學的主人？國立大學是國家的公器，是屬於全民的，一切的決策都應該以國家的長程利益為著眼點。國家的長程利益與學生的利益應該相當一致。但學生的利益與學生們的意見並不是一回事，就像兒童喜歡吃糖，但多吃糖對其成長並非最為有利一樣。國家的長程利益、學校的利益、教授們的意見和學生們的意見往往不會重合在一個點上。能夠把其他的三個點拉得與國家的長程利益最近的才是真正最好的國立大學。

在我們的行政系統中，教育制度和兵役制度、人事制度……等等是互相關聯著的，作任何改變都會牽一髮而動全身。因此，談教育改革，要設法把這些牽牽扯扯的線剪斷，讓教育制度能夠從行政系統的網裡掙脫出來。因為國立大學也是政府系統中的機關，要遵守與其他政府機關相同的人事與會計制度。相當僵化的人事與會計制度適合於處理例行的事務，但求新、求變、求突破本是大學的特質，因此，談高等教育的改革，也要設法把國立大學從這些為了防弊而設計的人事與會計制度中釋放出來。從下學年開始，教育部要在一些國立大學中，建立非營業循環基金的制度，立意非常好，深盼各大學都能慎重規劃其運作的細則。得到一些財務上的自主權之後，讓它不出差錯，就是對教育部開放政策的最佳支持。

學費政策與私人興學

目前，公立的大學校院和專科學校絕大部分是由中央政府辦理，所採取的是低學費的政策。為了使收入較低的家庭，其子女也有較公平的機會接受高等教育，政府對私立學校的學費也有所限制。近年來，由於中央政府財務上的困難，國立大專校院漸漸感覺到預算緊縮的壓力；而私立學校因為收費上的限制，財務上當然也很困難，經營不易。低學費的政策，合乎民生主義的原則，在大方向上是正確的，但也因此而衍生了一些問題：

一、公立學校的經費較為寬裕，教育的品質也應該比較好，所收的學費又比私立學校低廉；但能在升學的競爭中取得較好的成績，進入公立學校的學生，卻大部分是出自經濟情況較為寬裕的家庭。低學費的政策旨在照顧窮人，但實際的受惠者，卻大部分並非窮人。

二、有人認為辦理國民教育是政府的責任，因此應多將經費投入在義務教育上；是否要受高等教育是個人的事，不是政府的義務，因此應該自己付費，而政府不必把取自全民的稅收用在一部分國民的身上。姑且不談此一論調是否正確，如果真的付諸實施的話，必然會使至少表面上很公平的升學制度，變得更為不利於低所得的家庭了。

三、在中央政府財政因難，不易滿足青年國民接受高等教育的需求的情況下，設法引導民間資金投入於高等教育事業，用以解決問題，應該是一個非常好的途徑。但是，目前教育部所訂的申請設校的標準，如土地的面積等等，偏高而不易滿足；所訂的學費標準又偏低，使學校不易經營。在新的私立學校不易成立的情況下，既有的私立學校因缺乏競爭的對象，也不易進步。

四、近年來，英國、澳洲等國家，把高等教育當做一種賺取外匯的出口工業，紛紛到臺北來作宣傳，辦展覽會等等，目的在招募我們的青年，到他們的國家去繳學費，接受高等教育。把子女送去就學的家庭為數也不少。讓一些年輕人出去看看外面的世界，培養一些國際觀和國際關係，是一件很好的事；但是，如果我們允許一些國內的私立學校收英國、澳洲的標準的學費，或是收他們一半的學費，所辦出來的高等教育的品質，可能比他們的還好；如此一來，那些家庭將多半不再會讓年幼的子女離鄉背井、遠渡重洋去求學。問題是我們的制度是否允許這樣的學校存在？如果可以的話，那些原來會去英國或澳洲的孩子們又是否能考得進去？

由以上所述看來，關於學費政策與私人興學的問題，又是互相牽扯不易解開的情況。我們是否可以把綁在一起的線剪開幾根？把私人申請設校的門檻降低些，收費的標準放寬些，以便引導民間的資金投入高等教育事業。讓學校該收多少學費就收多少，再另訂其他的辦法，如：貸款、減稅等等，來補助低收入的家庭接受高等教育。

入學制度的多元化

如前所述，我們教育問題的癥結，在於在國人心目中根深柢固的士大夫思想與價值觀，聯考制度只是因之衍生而成的現象。聯考制度最大的優點是表面上的公平，完全消除了特權；而最大的缺點便是嚴重地扭曲了高中的教育，並造成大學科系間明顯的排行榜，以致難以發揮特色及自主性。自從開始辦理以來，四十年中，這個大學聯考的雪球愈滾愈大，已被一些教育界人士視為「怪獸」，是到了需要改變的時候，而改變的方向必然是朝向多元化。大學入學考試中心成立於六年前，經多次的研討及三年的研究，於三年前提出「大學多元入學方案」的建議書。其中推薦甄選的制度，已小規模地與聯考平行試辦中。

結語

在我們高等教育的體系中，需要改進和改變的地方很多。為了培養下一代的青年有面對未來新社會，學習新知的能力，我們要重視通識教育和基礎性的課程，如：語文、數學、……等等。要盡量拆除隔在系與系之間、院與院之間、校與校之間和國際間無形的牆，互通與合作。國立大學要設法開闢政府預算之外的財源，但決不能為了財源，而犧牲了學術研究的水準或教學的品質。在大學中有許多實用性不高，但關係到民族文化的傳承，或國家學術水準的弱勢領域，必須以政府的力量加以保護。任何改革的措施，都宜採漸進的方式，並要顧及整體性或全面性的影響。大學教授們習慣於批評別人，叫別人改革，也要有接受批評，自我檢討與改進的雅量。

參考資料

黃政傑、歐陽教（主編），《大學教育的革新》，師大書苑，一九九四。
郭為藩，《教育改革的省思》，天下文化，一九九五。
中國教育學會（主編），《教育改革》，師大書苑，一九九四。
歐陽教、黃政傑（主編），《大學教育的理想》，師大書苑，一九九四。
教育部編印，《中華民國教育報告書──邁向二十一世紀的教育遠景》，一九九五。
教育部編印，《第七屆全國教育會議實錄》，一九九四。
教育部編印，《中華民國教育統計》，一九九四。
教育部編印，《臺灣地區教育發展簡報──當前教育主要問題檢視》，一九九四。
教育部簡報，〈教育改革的重要課題〉，一九九四。
中華民國大學入學考試中心，《我國大學入學制度改革建議書──大學多元入學方案》，一九九二。
教育部教育研究委員會印，《日本教育改革第四期審議報告（總結）》，一九八八
林基源，〈當前大學經營管理的問題與對策〉，《中央日報》，一九九四年八月三日及四日。

姜雪影，〈企業界最愛那個大學的畢業生？——一九九五人才需求調查〉，《天下雜誌》，第一六七期，一九九五年四月一日。

對廣設高中、大學的補充意見

一九九六年一月《教育研究資訊雙月刊》四卷一期

《教育研究資訊雙月刊》將在民國八十五年元月號的專刊中，刊出江文雄、林文瑛和張鈿富三位教授關於「廣設高中、大學」的專文，要我綜合撰寫回應意見，我對此一任務至感光榮。這三位教授都是教育專家，而我的專長是化學工程，不能自以為在學校裡擔任過幾年行政工作就有了學問；因此，本文並不是對上述三篇論文的評論，而是拜讀之後，就自己所想到的提出一些補充意見。

我們的教育工作中有許多問題和毛病，可以說已到了嚴重的程度；但是，在談這些問題和毛病的時候，絕不能否定諸多教育界同仁在過去五十年中的辛勞、功勞和成就。推動教育改革的工作，要先找出問題癥結之所在。事實上，病根在那裡，大家都看得到，也有相當的共識。但病根與命根是糾結在一起的，縱有快刀在手，也不可率性地斬這亂麻。教育問題與社會上諸多問題也是互為因果的，教育的品質必須與社會多方面的品質同步提昇，也要能獲得全民的共識和參與。教育問題，頭緒甚多，必須採取多元的改革手段；我們也不能期望，任何一種手段在短期內就能產生立竿見影的功效。「廣設高中、大學」是構想之一，當然也不是一劑萬靈丹；它的具體內容是什麼？實施的程序如何？會涉及多少其他的問題？都需要詳加探討。問題當然是愈辯愈明的。大家說，對此一問題，學者們形成了兩極化的立場；而我卻覺得，大家立論的中心點雖然並沒有重疊在一起，但涵蓋面的交集面積是很大的，要多在交集處著墨才好。

教育對個人及社會的功能和使用者付費的觀念

首先，有一個基本觀念上的問題需要釐清。教育是手段還是目的？是因為社會上需要具有某種知能的人才，所以才去辦教育，來培養這種人才；還是一些年輕人因為有志於在社會上扮演某種角色，所以才去受教育，來獲取擔任這種角色的能力？還是因為有一些人，純粹是為了有興趣才去多受教育，就像純粹是為了增廣見聞而去讀萬卷書、行萬里路一樣？兩者應該都是可以的，也是不相衝突的。一位清潔工人在職業上並沒有受高等教育的必要；但是，如果有一位受過高等教育的人去當清潔工人，他自己為了接受高等教育所投資的時間和金錢是一種浪費嗎？社會為他的高等教育所消耗的資源是一種浪費嗎？不全然是浪費。就像他到故宮博物院或國家劇院時所花的錢不是浪費，社會為了維持一個故宮博物院或國家劇院所作的投資不是浪費一樣。

國民教育是義務教育，其對象是每一個國民，其費用自應由全體國民來負擔。高級中等學校和大專學校的教育經費，應該如何由政府與受教育者來分擔呢？我們到公立的文化中心去欣賞一個演出所付的票價，並不足以償付演出的全部成本，不足的部分由政府負擔；但如果到一個民營的戲院去，所付的票價不但要能償付成本，其經營者還應該得到合理的利潤。民營戲院的經營的方式是多元化的，有的因為演出的品質高而使一些觀眾樂意付出高的票價去欣賞；有的則用各種不同的方式來滿足不同類型觀眾的需求，只要在合法的範圍之內，政府可以不加過問。這種使用者付費的觀念，是不是可以適用於高中與大學呢？我們不必把接受高中與大學教育自己應分擔多少費用，和弱勢者無力負擔，如何去協助他們，兩個問題混在一起處理。這是兩個相關而獨立的問題，混在一起處理的結果，難免會使實質的受惠者並不是真正的弱勢者。

文憑主義是大家共同面對的問題

討論廣設高中、大學的問題，大家都會提到文憑主義。有的人說，原因在於千餘年來深植於東方人腦海中的士大夫思想，和唯有讀書高的價值觀；有的說是由於我們的制度使文憑有用，由於擁有文憑者為數稀少而使其更有價值等等。許多的說法都是有道理的，只是何者所佔的比重較高的問題；而這些比重又不易用實驗的方法測量出來。年輕人都求上進是好現象，是我們民族的美德。問題是，除了升學和追求文憑之外，我們的社會還為年輕人提供了多少其他的上進的管道？競考明星學校，對年輕人本身來說是一種力爭上游的上進行為，當然不是錯事；但若多數的年輕人和家長們都認為，除了競考明星學校之外沒有其他的上進之路，就成了一項頗為嚴重的社會問題。文憑有用也不是壞事，一張代表在一所好學校裡求學的成果的證明，當然應該有它的價值和用途；但如果除此之外，其他的條件如能力、學識、技藝、證照等等，都遠不如文憑有用，我們的問題就有點嚴重了。對於教育改革的策略或作法，雖然有不同的意見；但對於文憑主義的嚴重性，大家是有共識的。誰都不是文憑主義的幫兇，它是大家要共同設法去解決的問題。

落實社會教育以紓解文憑主義

關心教育的人士都同意，許多問題的癥結都在於文憑和升學主義，以及唯有讀書高的價值觀和士大夫的思想。我們可以思考一下，什麼是使這些癥結難以打開的原因，以及是否可以用釜底抽薪的手段來消除這些原因。目前，一個大學生剛由電機系畢業之後，就業時的起薪大約是每月兩萬六、七千元；兩三年之後，若表現良好，可能調升到三萬二、三千元。一個同年齡，在大樓外壁貼磁磚的技術工人或水電技工，一個月可以賺十多萬元。臺北市的計程車司機一個月淨賺大約有四、五萬元。但是，社會上，大家還是認為做個大學畢業生較好，自己和家人都更有面子。這是為什麼？其中一個相當重要的原因，可能是社會上大家對有高學歷的人比較尊敬與尊重。年輕人所追求的和他們的家人所期望的，除了有保障的職業、合理的待遇和發展的前途等等之外，還包括別人的尊敬與尊重，或是職業的尊嚴。什麼是職業的尊嚴？如果有兩個同年齡，但所受的學校教育差相當多的年輕人，在業餘的時間，換去了工作服以後，他們在衣著、舉止、談吐、休閒娛樂的方式與場所……等等都不一樣，無形中使別人對他們的尊敬與尊重的程度有些差距。這些國民的文化素質上的差距，是不能用名牌的手錶、打火機或客廳裡各家的字畫來補足的，而是要以強化社會教育和推動終生學習的習慣來解決。成功的社會教育，能使沒有受過太多學校教育的國民，其文化素質不亞於擁有高學位的國民；因此，有使職業的尊嚴平等化的作用，自然也有淡化文憑主義和升學主義的作用。教育工作的各方面都是環環相扣的，學校教育的困境也可以設法用社會教育的手段來加以紓解。

文憑的多元化和雇主的多元化

關心教育的人士也都瞭解，使文憑主義和升學主義的癥結難以打開的另一個原因就是文憑有用。我們的各級政府甚至民間企業的用人制度都重視文憑。廣設高中、大學，使更多的國民能夠取得文憑，是降低文憑的珍貴性的一個手法。但不論高等教育多麼普及，各校的定位與特色不同，教育的品質也有差異，爭考少數名校的現象還是不易化解的。學者們提出的另一個策略是使文憑多元化，使各種不同的證照和學校的文憑一樣地有用，甚至更為有用。造成多元化的文憑主義也許是紓解文憑主義的一個有效的手段。在我們政府目前的用人制度中，得到學校的文憑並不能同時取得公務人員的任用資格，還需要通過高等考試、普通考試，或其他考試院舉辦的考試才行；而欲參加這些考試，必須先取得學校的文憑。這似乎顯示制度的訂定者對上述考試的選才功能沒有充分的信心，需要借助學校，來為這些考試擔任培訓和初步檢定的工作；否則，二者應該是獨立作業才是。在我們目前的社會中，政府是最大的雇主；而在一個更為理想的社會中，民間可以做的事政府都應該放給民間去做，有了競爭才會不斷地快速進步。如此，政府的規模縮小，而許多民間的團體和企業都會成為很大的雇主。他們可以各有其不同的用人選才制度，不一定重視文憑，也不一定利用考試的手段；而其用人選才制度的高下，密切關係著成敗或存亡，自不會淪於僵化。教育的問題與社會上其他諸多問題也是環環相扣的。教育的改革要和其他社會制度的革新同步進行，而自由化與多元化應是未來發展的必然方向。

採用符合學生意願的學制

我們的高級中等學校和大專教育，是依社會的需要，還是依受教育者的意願來規劃呢？兩者之間也應該是不具強烈的衝突性的。理論上，規劃的結果不應該有很大的差距，因為學生們的意願是會隨著社會的需求而自動地調整的。由於外在的大環境變遷快速，未知的因素很多，在若干年後的社會中，到底需要多少什麼樣的人才很難預估；而規劃的結果，又必然會造成許多年輕人和家長產生被迫在非自願的學校裡求學的感覺，教學的效果也會因此而打很大的折扣。如果社會上多數的年輕人有強烈的意願，就讀某種類型的學校，顯示社會上大家的判斷，是在未來的環境中需要較多這一類型學校的畢業生。群眾追求的往往是當時的熱門，與這些年輕人若干年後踏入就業市場時的熱門，可能會有相當大的差距。但是，在自願選擇的學校中就學，教學的效果總是會好得多。因此，在教育的規劃中不宜明定學校的類型和比例，要保留各校，包括公立和私立學校，為了配合學生的就業意願，彈性修正其類型的自由度。因為在我們的社會中有各種不同類型的孩子們，所以也應該有各種類型適合他們的需求的學校。在各種類型的學校裡，在教育的內容上都應重視人文的素養和語文、數理等基本的課程，以培養我們的下一代適應未來多變而不可預測的社會的能力。

學制的多元化，提昇高職教育的品質

教育改革是要漸進的，要詳加規劃後，一步一步地分階段推動。一個政策決定了就全面大改變，必會導致諸多不良的後果。當年實行九年國教，政策上的大方向固然正確，但因為變得太突然，在教育品質上所造成的傷害，要經過許多年才恢復得過來。廣設高中、大學的口號，是不是改為「放寬設立高級中等學校和大專校院的限制」，更為恰當？各級學校的體制都應該是多元化的；可以有普通高中、綜合高中、完全中學、各類的高級職業學校和專科學校等等。應該有足夠的不同類型學校提供給學生去選擇。目前的高級職業學校，在對普通高中的比例上固然偏高，但其主要的問題在於教育的品質。師資如何？設備如何？教學的內容是否跟得上社會的需求？是否受到了教育主管機關適度的重視與關注？任何一種學制都有其重要性和存在的價值；只要辦理得完善，便自然能吸引優秀的年輕人就讀。提昇高級職業學校的教育品質，應該也是教育改革工作中的一個重要的項目。

修正對私立學校的觀念與制度

教育的普及化需要師資和經費。在政府財力有限的情形下，可以設法吸引民間的資金投入於教育事業中。國人每年把多少錢花在補習班中？這些錢是否可以辦好許多學校？有多少小孩離鄉背井到美國、澳洲去當小留學生？用他們的家長所花的學費，是不是可以辦一些適合於這些孩子們就讀的學校？這些小留學生到國外去就學，其他的國人認為這是他們自己家的事，並沒有意見。既然如此，把他們想就讀的學校設在國內，有何不可？我們是否把心胸和制度都放寬些，允許這類學校在國內的存在？

在我們的制度中，似乎把私校的經營者定位為聖人型的捐資興學者，不能在經營中獲取利潤。事實上，有許多私校的創辦人和經營者確實能夠達到這個標準。但是，站在政府的立場，是否有權要求國民達到這樣的高標準？是否應該允許教育事業的經營者也能獲取少許合理的利潤？把利潤公開化，而不是以各種變相的方式得到利益。檢討私校「捐資興學」的觀念，修訂有關的法令，並放寬對私立學校在學費等方面的管制，也許都是教育進步過程中的必要步驟。

結語

我們的教育工作中有諸多需要改革之處。「廣設高中、大學」是近年來所提出的一個改革構想。而對其具體內容、實施程序，以及所涉及的相關問題，學者們還有不同的意見，有待詳加探討。而採取多元化、自由化的大方向應該是正確的；同時，也要修正觀念與制度，以引導民間資金投入教育事業中。

我們的高中、大學建築在問題層出的國民教育的基礎上，諸多改革工作要同步推動，才能見到實效。

兵役年齡與教育改革

一九九六年十月三十一日《教改通訊》第二十五期，共同作者：李孟台

前言

教育與國防安全都是立國的根本；國家的前途有賴於國民素質的提昇，國防安全的維護也有賴於高素質的軍人。由於軍人來自民間，教育與兵役制度便有一定的關連性；在推動教育改革時，也要對兵役制度及其與教育工作間的相互影響，加以檢討。

民間與軍中所需要的技能有非常大的共同性，科技的發達與進步使此一共同性更為提高。許多軍中所需要的人材培育工作，可以在一般的學校中進行；許多民間所需要的技藝或知能，也可以在軍中學習培養。教育與國防機關間的互助合作、互補互利，應該是未來的必然走向。

俞大維先生在所著《國防論》（國防部史政編譯局，民國七十八年初版）一書中曾評述我國現行兵役制度，不但「在我國歷史上是空前未有之成就，即在今日世界各國亦少有出其右者」。因此，任何修訂均應審慎行之。教育與國防安全之間不應有主、輔之別；政策之訂定，均須以國家整體利益與全體青年人的發展前途為著眼點。

我國現行士兵役之規定為年滿十九歲之年徵兵檢查，年滿二十歲之年入營。因入營採梯次制，籤號較後者，往往要延遲到年尾甚至次年初才能入營；而一般高中高職的畢業年齡多在年滿十八歲之暑期，距離入伍，少則二年，多則三年，造成未能進入大專的青年若干就業和家庭上的不便，也造成一些社會上的問題，因而遂有將入營年齡提前到年滿十八歲的意見。在現行制度中，已有年滿十八歲即可申請提前入營的辦法，唯志願申請的青年為數尚不甚多。

今因教育改革而涉及學齡與役齡之相互影響，僅就上述提前服役之構想及其他相關問題，提出討論。

現況與分析

民國三十八年，政府遷臺，基於憲法規定，人民有依法服兵役的義務，因而重建新的兵役動員制度，為當時迫切需要的工作。從民國四十年開始研修兵役法，參採美、日等國制度優點，審慎研議，至民國四十三年八月完成立法頒行。爾後再依據母法，陸續修訂頒佈三十餘種子法，如兵籍規則、徵兵規則、召集規則、後備軍人管理規則……等。數十年來，常隨時空推移，加以修正補充，以符合實際需要。

世界各國兵役制度因國情不同，且受平時、戰時影響而有所差異。在服役年齡方面，以滿十八歲即開始服役者較多。

提前入營服役的構想

我國的兵役制度中有關役齡的規定已如前述，關於將役齡提前的問題，近年來有不少的論述。例如顧儀文先生在其所著《國防兵役論叢選集》（黎明文化公司，民國七十九年九月出版）一書的第三三〇、三三一及三三六頁中，以及陳鍾秀先生於民國八十一年四月一日所提出之以《世界各主要國家兵役制度與我國兵役制度之比較》為題之報告書中，均論及此一問題。就軍事觀點看，役男入營年齡提前，思想較為純淨，可塑性高，受社會不良習染較少，且無家庭負擔，對接受軍事教育和服務絕對有利，因此世界各國多有採行提前入營的趨勢；美國在二次大戰和韓戰、越戰實施徵兵時，就是規定十八歲半，與高中畢業年齡銜接。

將入營服役的年齡提前到十八歲或十八歲半，不論從青年人生涯規劃或國防人力的觀點考量，均有諸多優點。其中最重要的一點，就是對於無意升學的青年，省去了兩、三年在入營服役前較無著落的時間。在此一時段中，因雇主用人都有「役畢」的條件，就業不易，難免會有因為無所事事而感染社會不良風氣，甚至淪入黑道幫派的可能；而提前入營服役後，軍中的紀律有補足目前一般年輕人較為欠缺的學習團體生活，因接受考驗而成熟成長的教育功能。

降低法定服役年齡的有關問題

我國若改採強制性提前至十八歲或十八歲半入營服役的制度，則將涉及全面修法的問題。除了兵役法之外，有兵役義務之國民也應享有憲法上規定之其他公民權，如選舉權等等。兵役年齡提前後，男性學生在就讀高中三年級期間，便須接受各種與徵兵有關之處理，對學業難免造成干擾。且在高中畢業之後，入營服役之前，只有一次投考大專的機會，對有志升學的青年，衝擊較大。

實施強制性的提前入營的制度，還有一些技術性的問題。例如在過渡期間是否會產生兵役義務的不公平和兵役弊端的問題，訓練機構所需幹部、經費、設備和場地的問題，以及役男及其家長在心理上的適應問題等等。此等問題均可以用分年逐步推行的方式，將其衝擊減少至最低限度。

實施提前入營服役後，對增加的兵源，軍中應可容納。按現行國軍兵源狀況，由於受到近年來人口架構變化，以及升學管道日漸寬廣的影響，各部隊普遍均缺員，兵源實有不足，對於過渡期間所增加的人員，自可由各部隊吸收，無需考量可否容納的問題。

加強現行志願提前服役制度的宣導並創造有利誘因

在我國目前的制度下，年滿十八歲的男性青年，在徵得家長同意的條件下，可申請提前入營服役。此項辦法甚具彈性，實施到目前為止，志願申請者，雖然為數不多，但有逐年顯著增加的趨勢。這顯示宣導工作發生了功效，社會大眾已逐漸體會到其優點。為了降低失業率及因之而衍生的各種社會問題，此項辦法實有進一步加強宣導的必要；希望有關的宣導資料，除了高中、高職在校學生外，也能達到尚未服役的社會青年手中。

今後在「廣設高中、大學」呼聲高漲的大環境中，高中、高職畢業生的升學管道日益寬廣是必然的趨勢，加以人口架構變遷的影響，軍中兵源的問題必將日益困難。雖然憲法規定男性國民都有服兵役的義務，但過高比例的大專和碩士兵，似非軍中健康的架構。高中、高職畢業後，若不升學即提前入營服役，由國防的觀點，教育的觀點和青年人生涯規劃的觀點上看，均較為有利。吾人應採取一些具體措施，使這些年輕人志願地流向軍中；而為了使較多的年輕人有提前於年滿十八歲時入營服役的意願，應設法創造各種有利的誘因。

建議

一、將役男之入營服役年齡由滿二十歲提前至十八歲，不論就青年人的成長與生涯規劃的觀點，軍中官兵年齡架構與國防安全的觀點，以及社會秩序與就業率的觀點看，均較為有利。但在尚未全面修法之前，仍以維持現行滿十八歲後，即可志願提前入營服役的制度為宜。唯應擴大宣導，期能使除了高中、高職在校學生之外，未服兵役的社會青年也能獲知此一辦法的優點。

二、為了提昇及齡青年提前入營服役的意願，應創造各種有利的誘因，包括：

1.在徵兵作業過程中，使具有各種職業證照的役男，分發至需要該項專長的軍中單位服役。若如此，則除了能達到適才適用的互惠目標外，也有提昇年輕人就讀高職，追求實用技術與證照意願的作用。

2.役男在服役期間，若所擔任的任務與民間所需要的技藝相關（如駕駛、通訊……等等），在其技術水準達到一定程度後，應發給證明文件，以便在退伍後求職時有所助益。也可與職訓機構合作，發給適當之證照。

3.寓教育於軍中：在軍中服役的青年，在沒有戰事時，經常要接受各種軍事方面的訓練及操練。在訓練及操練之餘，應可利用閒暇時間，或莒光日時段，施予各種不同的教育性的課程。

4.就業輔導：現行退伍軍人輔導就業制度，僅適用於志願役之軍、士官，如能擴展至義務役之退伍軍人，必定能解決當前退伍即失業的不利因素。此項措施若能結合前項條件配合實施，則將更具可行性。

大學中「軍」、「教」關係的新階段

一九九四年十月二十五日寫

每一個制度，在制定之初都必有其時代的使命、意義與功能；但隨著大環境的變遷，也都需要不斷地加以檢討。有關大學生的兵役制度和大學裡的軍訓制度，當然也不例外；因此，近年來的一些求變的聲音，也是很自然的現象。

在我們的許多制度之間，往往有牽一髮就會動及全身的錯綜關係，不易有所改變。經過多年的演變所形成的兵役制度與教育制度，就是這樣地糾結在一起。因為大學新生先要接受「成功嶺」的訓練，一年級的上學期要在十月中下旬才開始上課。而服預備軍官役的大學畢業生要在七月裡入伍；在此之前，必須對是否進研究所的問題作成決定，所以各大學研究所的入學考試，從四月份起就一一展開了；四年級的學生們怎還能專心上課？八個學期的大學教育，因為兵役的關係，其中有兩個學期是「縮水」的。近來又聽說有只有研究所畢業生才能服預官役的建議，不知是否屬實？若果如此，大學畢業生投考研究所的意願必會大為提高；其後果不知是因此而進一步提昇了研究所學生的素質，還是造成教育資源的浪費？把兵役制度與教育制度牽連在一起的這幾根線是否能解得開來，是否可以剪斷？是一個值得考慮的問題。

目前各大學中的軍訓教官們，除了軍訓課程的教學以及有關兵役等的行政工作外，還擔任許多服務性的工作，諸如：生活輔導、急難事件的處理，如車禍、山難、法律糾紛等。這些事情學校不能不管，而在沒有其他適當人手的情況下，自然而然地落在教官們的頭上。他們對這些服務性的工作也的確是愈做愈有經驗，深受校方以及被服務過的學生與家長們的肯定。在有充分的人員編制下，教官們所擔任的這些行政性和服務性的工作，其實是可以由學生事務處的人員所取代的；但取代的過程則應該分段漸進。

現在各軍事單位中的將軍們，當年都是有志報國的優秀青年。但是，二十年或三十年後的將軍們現在在那裡呢？由目前各軍事校院招生的情形，和青年學生們報考軍校的意願來看，情況並不很樂觀。要解決這個問題，當然應該從建立、並提昇社會上敬軍的觀念，進一步改善軍人的待遇，以及加強退伍軍人就業輔導等方面著手；更可以借助於各大學來培養軍事人才。各軍種可以分別與不同的大學合作，在招收的新生中，提供一些名額給願意參加軍事學程的學生。這些學生除了要修習本科學程外，還要修習軍訓教官所提供的軍事課程；寒暑假中則到軍事學校去接受術科的訓練。他們在就學期間當然要享受軍方的公費；畢業時，除了獲得所就讀的大學的學位以外，也同時取得職業軍人的任官資格。近年來，有些大學在學校的支持之下，教官們漸漸展開軍事學術的研究工作。這是一個非常可喜的現象；也只有這樣，才能有高水準的軍事學程。

求變的聲音似乎在提示我們：大學中「軍」與「教」的合作關係是否到了另一個新階段開始的時候？兵役制度與教育制度是否可以不要牽連在一起？大學裡的軍訓教官們，是否可以從目前的陣地轉進到一個類似美國式的預備軍官制度中去，利用各大學的學術資源和環境，為國家培育優秀軍官？

各級學校會計與人事制度之改革

一九九六年十月三十一日《教改通訊》第二十五期

目前我國各級政府機關之會計及人事制度建立於約五十年前，其精神在於制衡與防弊，避免因經費之運用與人事之任免全部取決於機關首長而產生不良後果，運作多年來確已具有此等功能，對政府各項政、經、文、教建設之成果不無貢獻。但近年來，由於政府機關運作之多變性與複雜性日增，僵化的制度使官員們想在例行性業務之外有所突破及創新時，必須在諸多法令中找到一些漏洞才鑽得過去，反而成為進步的絆腳石。

各級學校與一般政府機關有許多不同之處。國立大學校院的校長是由教育部長聘請擔任而非派任，近年來各校均已建立校長遴選的制度。校內學術行政主管係由校長在教師中聘請兼任，各校也均已建立其各自的遴選制度。預期上述制度也將逐漸在其他各級學校中建立起來。因此，學校校長及學術行政主管的身分應不同於政府官員，也不應以政府官員之各項法令待之。

目前各大學校院均依照大學法設有經費稽核委員會，擔任經費運用之稽核工作，也有系(所)、院、校級的教師評審制度，處理教師升等、新聘等事項，以及處理職工任用、升遷、考核等事項的委員會。內部之制衡機制業已建立，是否仍需要另一重外加的制衡防弊機制，值得商榷。

學校，尤其是高等學府，重視求變與創新，其運作需要較高的彈性與自主權，因此：

一、因校長須對校務之成敗負責，故應享有會計及人事主管及其他會計及人事人員之任免權；至少應有對上述人員任免之同意權。會計及人事人員之考核及升遷，應按照學校之考核及升遷制度，與其他行政人員一併辦理。

二、在總人事經費額度之範圍內，並在滿足主管機關所規定之最低標準之條件下，學校經由校務會議之議定，得自行調整或增刪其內部之行政組織架構，或增減人員之配置。

三、主管機關只核定學校預算中之大項，如：人事費、業務費、圖書儀器設備費、建築費、……等等，而民意機關也應僅就大項中之額度加以審議。學校享有在各大項額度內細節上之調度運用權。

臺灣教育的現況、問題、改革與前景

一九九九年八月十四日，呼和浩特市，二十一世紀兩岸共同發展學術研討會

摘要

社會的繁榮與進步靠的是人的素質。在臺灣約兩千二百萬人口中，有五百二十萬學生、二十五萬教師，合計超過總人口的四分之一，教育工作與教育問題的重要性可想而知。過去五十年來，臺灣在經濟建設與政治改革等方面都有相當好的成就，都是人所創造的工作成果，要歸功於教育的成功；但社會上也常出現由於人的素質不高而產生的各種不正常現象，難免要歸咎於教育的失敗。

我們的教育工作中有許多問題，這些問題的癥結或根源在於臺灣是一個地小人稠的地方；由於青少年為了求上進而競爭的舞臺過於狹小，而造成了一些不健康的現象。因此，教育改革的治本之道是提供更多的升學機會，也使升學的管道多元化，更應該為青少年提供除了升學以外的多元化的上進途徑。一方面要追求教育的普及，也要追求教育品質的提昇。本文謹就臺灣為了提昇國民素質，以面對新世紀的國際競爭壓力的一些問題與作法，就教於與會的諸位學者專家。

前言

很榮幸能有這個機會向諸位報告臺灣教育的概況，和當前面臨的一些問題，也把自己對於教育改革的一點淺見提出來請大家指正。臺灣的教育制度與大陸各地應該是大同小異的，所遇到的問題難免也有許多類似的地方。在臺灣所出現的一些問題，在大陸也許過去已經出現過了，也許還沒有出現，也許不可能出現。如果已經出現過了，當初解決的辦法是什麼？如果尚未出現，是否可以採取一些未雨綢繆的措施？如果不可能發生，原因是什麼？經驗的交流應該就是這次研討會的主要目的之一。

學制

臺灣的現行學制，如圖一，是自清朝末年以來，經過多年的演變與修訂而來的；大致上分為學前教育、國民教育、中等教育和高等教育四個階段。學前教育就是幼稚園教育，採取自由入學，由家長負擔費用的制度。通常是分為小班、中班和大班三個年級，分別收滿三歲、四歲和五歲的幼兒。國民教育是九年的義務教育，採依居住的學區分發入學的制度，分為六年的國民小學和三年的國民中學兩個階段。國民中學以上的各級學校都是採取考試入學的制度。中等教育分為高級

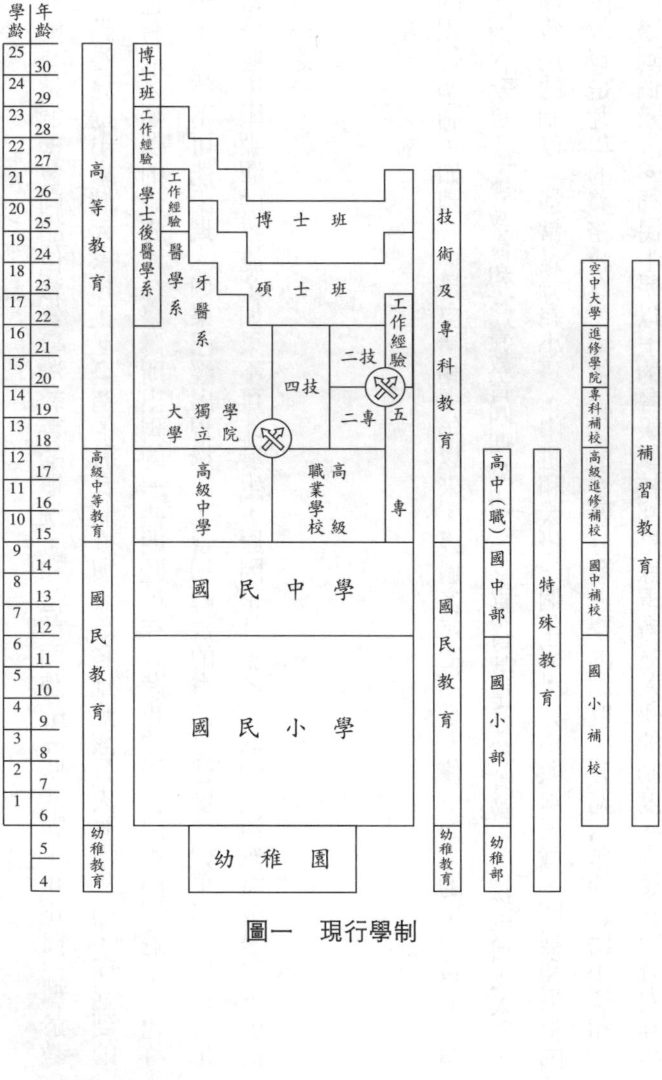
學齡
年齡
25 24 23 22 21 20 19 18 17 16 15 14 13 12 11 10 9 8 7 6 5 4 3 2 1
30 29 28 27 26 25 24 23 22 21 20 19 18 17 16 15 14 13 12 11 10 9 8 7 6 5 4
高等教育
高級中等教育
國民教育
幼稚教育
博士班
工作經驗
學士後醫學系
工作經驗
醫學系
牙醫系
博士班
碩士班
工作經驗
二技
四技
二專
五專
大學 獨立學院
高級中學
高級職業學校
國民中學
國民小學
幼稚園
技術及專科教育
國民教育
幼稚教育
高中(職)
國中部
國小部
幼稚部
特殊教育
空中大學
進修學院
專科補校
高級進修補校
國中補校
國小補校
補習教育
圖一 現行學制

中學和高級職業學校兩大類。國民中學的畢業生可以選擇接受三年的高級中學教育或是三年的高級職業學校的教育，也可以選擇進入五年制的專科學校。在高等教育中分為：一般大學與獨立學院，科技大學與技術學院，和專科學校三大類。在專科學校中，除了上述招收國民中學畢業生的五年制專科學校外，有招收高級職業學校畢業生的二年制專科學校和招收高級中學畢業生的三年制的專科學校。近年來，因為學生來源的關係，三年制專科學校已逐漸萎縮消失。在科技大學和技術學院中有二年制和四年制兩種學制，前者招收專科學校的畢業生，後者招收高級職業學校的畢業生。一般大學和獨立學院的正常修業時間是四年，但師範院系要多一年實習。有的建築系要求修業五年，牙醫系一共要修業六年，醫學系一共要修業七年；學士後醫學系在取得其他領域的學士學位後還要再修業五年。取得學士學位的畢業生都可以投考相關的碩士班；專科學校的畢業生在有了三年的工作經驗後，也可以直接投考碩士班；一般碩士班的正常修業時間是兩年。取得碩士學位的畢業生可以投考相關的博士班；博士班修業時間的規定是：最少兩年，最多七年。除了上述正規的學校教育外，尚有為失學者所辦的各級補習學校，從國小到空中大學，以及為身心條件特殊的學生所辦的從幼稚部到高中、高職部的特殊教育學校。

數量與指標

表一與表二中所列的數字顯示在剛過去的學年中，臺灣各級學校中的一些量化的指標。我又

根據教育部的統計資料，使橫向的寬度正比於各級學校中各年級學生的人數，把圖一改畫成圖二。

大約有三分之一的國民小學一年級的學童是幼稚園的畢業生。家長把子女送到幼稚園去的主要原因，當然是希望能提前受到一些「教育」。但也有相當大的比例是因為在小家庭中，父母都有職業，幼兒在家中乏人照顧的關係。私立的幼稚園當然多是由於社會上的需求應運而生的，其所容納幼生的數目約為公立幼稚園的三倍。

在國民小學一年級中，滿六歲的適齡兒童的就學率是９９．６９％；在國民小學一年級到六年級中，滿六歲但未滿十二歲的學齡兒童的就學率是９９．９４％；國民小學畢業生進入國民中學的升學率是９９．６０％。這三個數字顯示國民教育普及的情形。因為國民教育是義務教育，私立學校非常少，只有１．２１％的國小學生在私立學校就學；９．１３％的國中生在私立學校就學。國中畢業生升學的就學機會率高達１０８．４６％，換句話說就是各高級中學、高級職業學校和五年制專科學校招生名額的總數，已經比國民中學畢業生的人數大了８．４６％。而國中畢業生的升學率是９３．９４％。剩下的６．０６％沒有升學，可能是一時尚沒有考進理想的學校，或是選擇不再升學，並不是沒有學校可以進。

在高級中等教育階級的學校中，高級中學大部分是公立學校，而高級職業學校大部分是私立學校。升學的國中畢業生，能進入一般高中的人數，大約是進入高職和五年制專科學校的人數的二分之一。在高級職業學校中，大部分的學生在工科（４１．８％）和商科（３８．８％），其次為家事科（8．4％）與醫事科（4．9％），其他如農業、水產和藝術科的學生很少（6．0％）。普通高中畢業生的升學率是67．43％，而他們的就學機會率是112．59％。這表示，除了招收高職和專科畢業生的科技大學和技術學院之外，一般大學和獨立學院的招生名額，已經比應屆高中畢業生的人數還多出約12．6％。這是因為有許多高中畢業生如果不能進入自己認為理想的學校或學系的話，往往選擇補習一年再來重考。而高職的畢業生也可以參加一般大學的入學考試，專科學校的畢業生也可以參加插班考試進入一般大學。

在高等教育的層次中，絕大多數的專科學校的學生就讀於私立學校；而在大學和獨立學院中，也是私立學校收的學生比公立學校多。但是，如果我們用師生比例作為一個教育品質的指標的話，除了幼稚園和特殊學校以外，各級公立學校的師生比都明顯地較私立學校為高。這一項差異在大學中最為顯著。

圖二中的資料也顯示，臺灣的義務教育雖然只有九年，但一直到第十二年仍然是相當普及的，每一個青少年如果選擇升學的話，都有升學的機會。大約同年齡人口的三分之二可以進入第十三和十四年級。再往上，升學的競爭就比較激烈了。

升學的壓力

我們的教育上有許多問題，其癥結都在於臺灣是一個地小人稠的地方，人與人之間的競爭比較強烈些也是很自然的事。數千年的文化傳統使大多數的青少年都有上進心，也使大多數的家長有望子成龍、望女成鳳的心。百餘年來國家的動亂使大家失去了安全感，都希望自己的子女能獲得一張鍍金的就業保證書，就是最好的大學中最熱門科系的文憑。於是，升學的壓力便壓在每一個學生、老師和家長們的身上。

雖然在國小和國中的階段是分發入學的義務教育，但升學的壓力在幼稚園時期就開始了。我們看圖二，幼稚園大班中幼生的人數比中班多了很多。為什麼？大概是有許多家長，希望自己的子女在進入國小一年級的時候不要「輸在起跑線上」。幼稚園裡的小朋友們本來是應該過玩得痛快的好日子的，但老師總會應家長的要求教些小學一年級的功課。等進了一年級，該教的功課許多小朋友早已學會了，老師如何是好呢？也許只好讓另外一些小學生輸在起跑線上了。

在幼稚園和國民小學的階段，未來升學的壓力雖在，但遠不如國民中學階段嚴重。校長和老師都是師範校院出身，當然都瞭解教學正常化的重要性；但是「升學率」是一個非常現實的指標，希望子女能進入最好的高中的家長們的壓力是難以抗拒的。於是，三年國中的時間只準備了一個高中聯考，三年高中的時間只準備了一個大學聯考；凡是不考的，難免就被忽略了。

在高級職業學校和專科學校的技職系統中，多數學生所關心的並不是為了就業的需求而學得一技之長，也同樣是為了升學。他們在一般大學入學聯考中的競爭力較弱；近年來雖然增設了不少技術學院與科技大學，但技職體系中的升學管道還是有欠通暢。

學生們進了大學之後並不是升學壓力的終點，因為後面還有碩士班的入學考試。許多大學三四年級的學生，像國中生和高中生一樣，到補習班去補習幾門碩士班入學要考的課程，因而使大學的教學計畫難以落實。

升學管道的寬廣化與多元化

學生和家長們要的是升學，升學的管道不夠寬廣，難免造成了塞車的現象，也導致了上述諸多不正常的現象。因此，一個解決的途徑就是使升學的管道寬廣化，具體的作法可以有以下幾項：

1. 逐漸把高級職業學校改制為高級中學。由表一及表二中的數字我們可以看出，目前臺灣高級職業學校的容量比高級中學大得多。這在過去經濟建設的階段是必要的，而確實也發揮了其功能。但在未來的環境中，可能需要較多高層次的人才。在師資和設備條件允許的情況下，一部分的高級職業學校可以改制為高級中學或綜合高中，以因應社會的需求。

2. 使一部分辦學成績優良的專科學校升格為技術學院，規模夠大的技術學院改名為科技大學。在表一及表二中，有關大學校院的數字是過去一學年的資料，這些數字變得很快，下個學年就不一樣了。例如和我們一同來的楊校長的學校，過去曾是辦學成績最好的五所私立專科學校之一，幾年前改為國立，今年又升格為技術學院。

3. 鼓勵私人興學。在民間需求大、政府財力有限的情況下，鼓勵私人興學，將民間資金導入教育事業是一個很好的作法。我目前手邊的資料顯示，已核准籌備的大學校院共有二十三所，其中四所是技職體系的學校，另外有二所是專科學校。

4. 國外學校進入臺灣教育的舞臺。許多西方國家，把教育也視為一種賺取外匯的事業。在加入世界貿易組織之後，外國學校以成立分校的方式，或是與當地學校合作的方式進入臺灣，恐怕是難免的事。

5. 地方政府辦理高等教育。縣市政府辦理的高等教育可以是一般的大學校院，也可以是社區學院。

升學管道的寬廣化將使學校與學校間爭取學生的競爭，尤其是爭取優秀學生的競爭，更為強烈。競爭的結果必然導致進步與一些淘汰。

到目前為止，除了碩士班與博士班的入學由各校自辦以外，高中、高職以上的各級學校的入學仍然是以聯合招生的方式為主。有許多人把目前教育上諸多不良現象都歸咎於聯招制度，把它視為罪魁禍首。但聯招制度並不是造成這些不良現象的原因；基本的癥結，還是前面所提到的，在一個地狹人稠的環境中求上進、求安全的壓力。但無論如何，升學制度的多元化，在聯合招生以外開闢各種不同的升學途徑，是必然的趨勢。

普及、競爭與上進管道的多元化

上述各種升學管道的寬廣化的結果，當是教育普及層次的提昇，逐漸由國民中學提昇到高級中學的層次，再進一步提昇到大學的層次。教育的普及化使社會上學生所佔的比例提高。學生是消費者，不是生產者；因此，教育的普及化代表消費者對生產者比例的提高，也必然伴隨著生產效率和消費品質的提昇。

升學管道的寬廣化和升學制度的多元化，並不會真正地消除升學的壓力。不論升學的管道多麼寬廣，在社會大眾的心目中，學校還是有高下之別，科系仍然有熱門冷門之分；大家擠向最好的學校、最熱門的科系的競爭，仍然是避免不了的。競爭是好事，是一個進步中的社會中應有的健康現象，我們所要消除的只是競爭中惡性的部分，和造成自我傷害的部分。

紓解升學壓力，使各級教育正常化，不能只採取教育系統內部的各種手段。在教育系統之外，開拓年輕人多元的上進管道，才是最有效的做法。例如落實技術證照制度，改進考銓制度等等。空喊「行行出狀元」的口號是沒有用的；而是要把學校系統以外，多元而能走向狀元的路，實實在在地為年輕人開拓出來。

扶持弱勢領域

在一個開放的社會中，市場的需求引導社會大眾的走向，以及追求近利的速食化現象是難免的事。一些對社會的長程發展關係重大，但市場競爭力較弱的領域，需要政府力量的扶持。

過去五十年來，經濟建設對臺灣的生存與發展當然非常重要，在這方面的確有相當好的成果。在教育系統中難免有些配合經濟建設，重視工商，較為忽視人文的現象。到了目前，大家都感覺到社會上的諸多亂象，皆源自人的素質的問題，而歸咎於教育的失敗。為了配合亟待加強的文化建設，在教育系統中，人文是一個需要加以扶持的弱勢領域。

基礎性的領域比實用性的領域離實利的距離較遠，也是一個需要扶持的弱勢領域。

一般說來，製造業是一個較為辛苦且硬性的行業，而服務業在社會大眾心目中是較為輕易軟性的行業。但製造業是社會實力的基礎，近年來在相關的教育領域中，有漸漸成為需要略加扶持的弱勢的趨勢。

結　語

教育工作中，需要探討的問題太多了。為了彌補本文的缺漏，謹把今年五月全國教育改革檢討會議的討論提綱抄錄如下，作為結語：

健全國民教育。

普及幼稚教育。

健全師資培育與教師進修制度。

促進技職教育多元化與精緻化。

追求高等教育卓越發展。

推動終身教育及資訊網路教育。

推展家庭教育。

加強身心障礙學生教育。

強化原住民學生教育。

暢通升學管道。

建立學生輔導新體制。

充實教育經費與加強教育研究。

表一 各級學校概況之一

	校數			專任教師			學生人數				
	合計	公立	私立	合計	公立	私立	合計	公立		私立	
								男	女	男	女
總　計	7,731	5,427	2,304	256,916	196,824	60,092	5,215,773	1,914,985	1,812,968	729,647	758,173
幼稚園	2,874	1,065	1,809	17,795	4,290	13,505	238,787	32,869	32,067	93,256	80,595
國民學校	3,272	3,241	31	146,481	145,321	1,160	2,919,990	1,451,206	1,353,467	64,277	51,040
國　小	2,557	2,535	22	95,029	94,172	857	1,910,681	983,210	904,295	12,897	10,279
國　中	715	706	9	51,452	51,149	303	1,009,309	467,996	449,172	51,380	40,761
高級中等學校	443	227	216	47,405	27,558	19,847	804,893	209,871	184,443	191,702	218,877
高　中	242	28	114	27,003	16,118	10,885	311,838	109,422	103,747	48,658	50,011
高　職	201	99	102	20,402	11,440	8,962	493,055	100,449	80,696	143,044	168,866
大專院校	137	49	88	40,149	16,634	23,515	915,921	142,924	115,079	312,115	345,803
大學校院	84	43	41	28,722	15,309	13,413	463,575	107,476	86,599	138,594	130,906
大　學	39	21	18	18,597	11,303	7,294	368,940	95,114	58,491	111,006	104,329
獨立學院	45	22	23	10,125	4,006	6,119	94,635	12,362	28,108	27,588	26,577
專科學校	53	6	47	11,427	1,325	10,102	452,346	35,448	28,480	173,521	214,897
特殊學校	20	18	2	1,532	1,479	53	5,588	3,216	2,205	99	68
補習學校	981	823	158	3,460	1,448	2,012	285,135	59,859	95,288	68,198	61,790
國小補校	410	410		33	33		23,296	1,256	22,040		
國中補校	306	306		60	30		23,359	6,894	16,142	270	53
高級進(中)修補校(職)	229	97	132	3,223	1,352	1,871	5,306	1,648	1,770	1,346	542
							138,713	23,924	24,158	50,704	39,927
實用技能班	(173)	(90)	(83)				48,872	16,327	9,174	11,043	12,328
專科補校	36	10	26	144	3	141	45,589	9,810	22,004	4,835	8,940
進修學院	2	2					837	762	75		
空中大學	2	2		94	94		44,622	14,278	30,344		

附註：高級進修補校之校數，教師數不分高中補校及高職補校。

表二 各級學校概況之二

	生師比例			學生數			畢業生	
	公立	私立	平均	公立%	私立%	佔全體學生%	升學率%	就學機會率%
幼稚園	15.14	12.87	13.42	27.19	72.81	4.58		
國　小	20.04	27.04	20.11	98.79	1.21	36.63	99.60	
國　中	16.77	22.16	16.80	90.87	9.13	19.35	93.94	108.46
高　中	17.32	23.88	19.97	68.35	31.65	5.98	67.43	112.59
高　職	15.26	26.34	20.13	36.74	63.26	9.45	24.74	
專　科	16.17	20.61	20.09	14.13	85.87	8.67		
獨立學院	13.12	17.81	15.91	42.76	57.24	1.81		
大　學	12.48	24.69	17.26	41.63	58.37	7.07		
補習學校	／	／	／	60.68	39.32	6.34		
特殊學校	3.67	3.15	3.65	97.01	2.99	0.11		
						100.00		

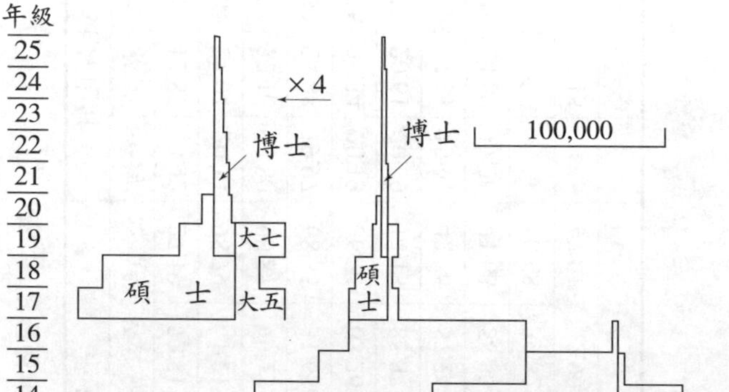
年級
25
24
23
22
21
20
19
18
17
16
15
14
13
12
11
10
9
8
7
6
5
4
3
2
1
-1
-2
-3
×4
博士
博士
100,000
大七
碩士
大五
碩
士
大學
二專
五專
高中
高職
國民中學
國民小學
幼稚園

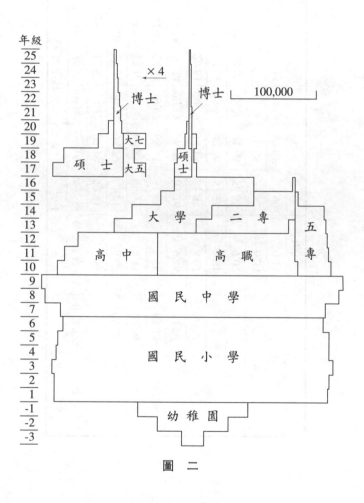

圖二

圖二中之數據

年級	各級學校學生數			
25			博士七(540)	
24			博士六(964)	
23			博士五(1,256)	
22			博士四(1,480)	
21			博士三(1,842)	
20		碩士四(1,642)	博士二(2,162)	
19	大學七(6,044)	碩士三(4,432)	博士一(2,601)	
18	大學六(3,083)	碩士二(16,883)		
17	大學五(6,868)	碩士一(20,068)		
16	大學四(94,442)			二專四(3,247)
15	大學三(110,088)		五專六(8,379)	二專三(47,722)
14	大學二(92,892)		五專五(35,889)	二專二(96,380)
13	大學一(96,288)	高職四(6,348)	五專四(38,130)	二專一(107,087)
12	高中三(90,835)	高職三(160,037)	五專三(38,629)	
11	高中二(106,955)	高職二(160,789)	五專二(39,423)	
10	高中一(114,048)	高職一(165,881)	五專一(37,405)	
9	國中三(353,421)			
8	國中二(344,851)			
7	國中一(311,037)			
6	國小六(305,349)			
5	國小五(318,172)			
4	國小四(318,500)			
3	國小三(327,655)			
2	國小二(321,143)			
1	國小一(319,862)			
−1	幼大 (127,671)			
−2	幼中 (83,184)			
−3	幼小 (27,992)			

展望二十一世紀的高等教育

一九九六年一月十二日海峽兩岸高等教育發展現況學術研討會

一九九六年一月三十一日《教改通訊》第十六期

引言

去年四月下旬，比較教育學會曾邀請大陸上直屬於國家教委會的十所大學校長到臺灣作為期十天的訪問，並聯合臺灣的十一所公私立大學舉辦了一系列的參觀活動和三場次的學術座談會。在成功大學舉行的第三場次的座談會中，筆者發表了一篇以「現階段高等教育的問題與改革」為題的文稿，後來又轉載於《師說月刊》第八十三期。因為這次來訪的大陸貴賓也都是大學校長，故將該文列為本文的附錄以供參考，也請指正。現階段臺灣高等教育的問題，與大陸上必有許多類似的地方。有一些可能是大陸過去曾經出現過的問題，另外也有一些是未來難免會在大陸上發生的問題。高等教育是教育工作中的一個環節，有許多問題是整體性的；教育工作中的許多問題又與社會上其他方面的問題相互關連，難以用純粹教育的手段加以解決。我們瞻望未來，謀求高等教育的進步與改革，首先要能從這些現階段的問題中掙脫出來。

今後我們所面臨的將是一個快速變遷與進步的大環境。高等教育必然也會隨著時代的脈動快速地變遷與進步。本文試圖展望在未來的世紀中，高等教育所面臨的一些問題，就教於諸位專家先進。

高等教育的普及化與人本化

隨著經濟建設的進展、人民生活素質的提昇以及中小學教育的普及，高等教育的擴充應是必然的趨勢。如果以時間為橫軸，以大專校院學生人數為縱軸作圖，不論在大陸也好、臺灣也好，都會是一條持續上升的曲線。

過去，高等教育往往是為了配合各方面的需求而規劃設計的，能夠受高等教育的只是少數的菁英分子。但是，當社會的發展達到一定的程度之後，因為教育有其獨立的重要性，應該能夠走在社會各方面進步的前面，而不是配合在後面。高等教育的工作不只是職業訓練，受高等教育的目的，也不只是獲得就業的能力和資格。在未來的社會中，高等教育將成為一種消費行為；就像在假日花錢買票，到博物館中消磨了許多時間一樣，是求知，也是一種享受；只是在博物館裡對許多知識只能獲得初步的認識，若希望在細節上作深入的學習，還是要到學校裡去。因此，我們要能站在受教育者的立場，配合其意願與需求，來規劃高等教育。如果社會上有很多的人有接受高等教育的意願與需求，就應該有足夠的高等教育學府來提供這些服務。我們不必把教育與就業連在一起思考。一位掃地工人，在職業上並不需要受大學教育；但是如果他有意願與能力，就應該有接受大學教育的機會。這對整個社會來說並不是一種浪費，就像他在業餘的時間到國家劇院或音樂廳去欣賞演出，到博物館去參觀，並非浪費社會的資源一樣。

六十幾歲的中國人應該記得當年排隊買「戶口米」的情景。要早去以便排在前面，要嚴防有人插隊以求公平。擠與爭，傷了多少好鄰居的感情。現在米夠了，要吃就有，原來每頓三碗的只吃一碗了。現在大家擠的是春節回家的火車票和高中、大學的「窄門」。目前臺灣教育界的問題的根源在於擠升學窄門的「戶口米」現象。若能提供充分的米和其他各種的食物自由選用，老百姓並不是非以米為主食不可，需求量也不見得非常地大。為願意升學的年輕人提供足夠的學校，也提供許多其他的上進管道，應是紓解目前臺灣教育界諸多問題的有效做法。

高等教育的多元化與自由化

未來的社會必將更為多元化。為了滿足受教育者各種不同的求學意願與需求，高等學府不論在學制上或教育內容上也會走向多元化。有的重視學術研究，有的重視教學，有的重視技術與實務；有的是綜合性的大型學校，有的是單科的小型學校……在高等教育的系統中，各有其自身的定位與特色，而其間並無高下之別。民主與開放也是未來社會發展的必然趨勢，政府將會逐步地讓各校享有充分的自主權，包括課程和教學內容的自主，以及人事、財務的自主等等。政府管制的目的在於維護教育的品質，其用意並不錯；但管制的後果是將一些辦學成效不佳的學校，保護在一個最低的標準之上，使其不致由於市場供求的機制而遭淘汰的命運。為了做到這一點，又難免需要投入不少的人力和物力。政府的許多管制，另一方面的後果是使辦學好的經營者，由於重重的限制，縛手縛腳，而難以把學校辦得更好。在一個民主開放的社會中，不能再期望有一個「大有為」的政府來對一切的成敗負責。一所大學，尤其是私立學校，其經營者要自行承擔成績不良的責任與後果。如此，各級政府才可能放手讓有意成為世界一流的學校，達到他們的目標。

高等教育的科技化與資訊化

近年來，全世界科技的進步，尤其是資訊科技的進步非常快，在今後的時代中將會更快。科技的進步，對生產事業的影響是高度的自動化，對商業和管理的影響是高度的資訊化，對學術性和實用性的研究工作的影響也是高度的資訊化。對教育工作的影響是什麼？有多大？教育工作進步的腳步是否顯得慢了一些？到目前為止，各級學校裡仍是以教室教學為主。在大學裡，教授們授課時，除了黑板以外會用到投影機、幻燈機，有的也會用到電腦；但仍是以教授講、學生聽，再加上一些問答和討論的方式為主。但不知這種方式還能維持多久？教育的學者專家是不是到了該思考一下、檢討一下的時候？

現在隔空或遠距離教學的技術已經相當發達了。在不久的將來，一個大學生在家或宿舍裡，透過電腦將可以聽到並且看到學校老師的授課，也可以與老師討論，甚至參加考試。在這種情形下，學校還有沒有必要要求他到教室裡去上課？他是否還願意到教室裡去上課？如果答案是否定的話，師生間和同學間的情誼是否會喪失殆盡？大學校園生活的教育功能如何發揮？如果這位大學生對於課程進度中的某一章節，可以透過電腦去接受世界上任何一位教授的授課，校與校之間是否還有界線？如果不是因為本校的教授手中握有考試權、評分權或命題權的話，他還有沒有意願去接受本校教授的授課？

由於科技的快速進步，教育是否將面臨一次革命性的變化？教授的工作或是其中的一部分是否將被電腦所取代？筆者本人當然不願被取代，也不希望那些當了教授的當年的學生們被取代，因為與這些學生甚至學生的學生之間有師生的感情，而在電腦上是不會產生這些情誼的。但是高科技與資訊時代的來臨是難以抗拒的，只是心中不願並不能解決問題；要早加思考，尋求最佳的因應方案。早期的火車頭是燒煤的，上面有一位司機(engineer)和一位掌管添煤燒火的火伕(fireman)。後來由於科技的進步，改用柴油或電動的火車頭，只用一位司機就夠了。但是在美國，因為鐵路工會的勢力大，為了保障就業的權益，在每個火車頭上仍要配置一位火伕，坐在司機旁邊幫忙看看前方有沒有意外的狀況。教育的學者專家，對於高科技與資訊時代的來臨，要能及早多加思考規劃，以期得到革命性的進步；若心存抗拒，使教授們淪為像美國鐵路系統中的火伕那樣，將是甚為可悲的事。

高等教育的民營化與企業化

隨著生活的飽暖，人民求知的欲望必然提高，故應提供足夠的高等學府以滿足社會大眾的就學需求。目前，臺灣在高等教育方面，私立學校就學的學生人數大於公立學校，在專科學校此一現象更為明顯。今後一方面因為政府的財力有限，另一方面因為高等教育並非義務教育，政府負擔的比例也不宜過高，所以為了促使其進一步的普及化，必須設法導引更多的民間資金投入高等教育事業。

由大學入學競爭激烈的情況看，臺灣高等教育就學機會的供求並不平衡。許多外國的政府和大學看到了這一點，紛紛將高等教育當做一種可以出口換取外匯的商品，向臺灣推銷。到臺北辦展覽、招生，並爭取在臺灣設立分校的機會。但在此同時，我們又看到每年大學聯合招生之後，一些辦理得相當完善的私立校院，錄取的新生報到率偏低，以致經營困難的現象。這好像市面上各種商品的廣告都說自己的產品好，但都缺乏公信力，使消費大眾無所適從；其結果是買臺糖的沙拉油和水餃，因為國營公司的產品吃了令人較為放心；或是購買洋貨，因為外國人也許比較可靠。這種現象對用心經營的私立校院很是不公平。我們需要一套公正客觀而且深入細節的評鑑制度，很清楚地把各校、各科系的特色和優缺點告訴社會大眾，以便年輕人據以選擇最適合自己需求的學校。例如一個年輕人希望拿到一個藥劑師的執照，自己開一個藥房，但對高深的藥學研究並沒有太多興趣，他也許應該選擇一所專科學校而不是某國立大學的藥學系。

鼓勵私人興學，必須檢討有關的法令並建立適度的誘因。目前有些捐資興學者確實是有聖人的胸懷，他們拿出資金為社會辦教育而不期望任何回饋。但是，在國家的制度上，卻不應該要求每一位投資興學者都是聖人型的人物。民營的教育事業也可視為一種企業。在其財務運作公開並受政府監督的條件下，如果經營得很成功，投資者應可從中獲得若干合法的利潤；如果失敗了，也應該有一套合理的破產制度，使投資者不致血本無歸。在目前的制度中，似乎並沒有為辦學成績不良的私立學校的經營者，提供一條脫身的路。任何事業，包括教育事業，都應該有競爭與淘汰的機制，使好的能更好，例如美國的哈佛與日本的早稻田都是私立大學，也能使不好的順利地出局。

鼓勵私人興學要將私立學校設置的標準或門檻放寬些。怎麼樣才是一個夠水準的學校，可以由事後的評鑑和市場的機制來決定。也許應該調查統計一下，多少家長們的錢投入在補習班中和澳洲、美國小留學生們就讀的學校裡去了；如果能把這些資金導引到正規的私立學校中去，對下一代國民的成長是否更為有利呢？

高等教育的國際化與本土化

由於資訊科技的進步以及交通與通訊的便利，國與國之間的界線必然會日趨淡化，使我們的每一個成員，個人、企業、學校、甚至政府，都有機會，也不得不與世界上最佳的對手交流、合作與競爭。以各種有形或無形的關卡來阻止這些交流、合作與競爭，會日益困難，也會產生抑制成長與進步的作用。高等學府的發展應該走在社會的前面，因此國際化是必然的趨勢。在政策上要有計畫地、逐步地把國界上的各種關卡拿掉。因為關卡保護不了弱者，只會使弱者強不起來，而強者並不需要以關卡來保護。在經濟和貿易方面，歐洲和北美已經有了使國界逐漸消失的具體動作，我們自己也都有加入世界貿易組織的意願。在高等教育方面，國際化的工作實際上一直不斷地在進行之中，只是今後的步調需要加快，幅度也需要擴大。

國際化不是放棄自己的優良傳統，也不是盲目地崇洋，而是藉著交流、合作與競爭吸收別人的長處，淘汰自己的缺點，也把本身的優點貢獻給全世界。本土化的意義在於優先去認識並處理自己周遭的問題，就是在時空上近距離的問題。對一所高等學府而言，是充分利用本身先天的優勢以發展其特色的策略。例如在阿拉斯加重視北極科學，在臺灣重視蔬菜的培育；在這兩方面，雙方的成就是無法相比的。但我們不能把自己局限在一些小圈圈之中，本土化與國際化是相輔相成而不相衝突的。阿拉斯加在北極科學上的一些成果，應該有助於我們對於臺灣在冰河時期地質變化的瞭解。

國際化應該有助於內部的合作與團結。國與國之間的界線都漸漸地模糊不清了，內部的牆也應該少砌一些了，門也可以多開幾扇了。我們希望這次的研討會能在高等教育的領域內發揮一些這方面的作用。

制度與觀念的現代化

今後將是一個快速進步與變遷的世紀，許多制度和觀念也得配合著進步與變遷的腳步不斷地更新。高等學府是年輕人求知與受教育的場所，而不是就業的訓練單位。高等學府的學位不能再與就業的資格牽連在一起，要能把其間的關係切開。一所名校的學位與個人未來事業上是否能一帆風順不應該有直接關係。例如，高等考試是一個公務人員任用資格的考試，應該發揮把有能力的人才甄別出來的功能，不該只限擁有學位的才可參加；因為這樣做，不但對有能力但缺學位的人員不公，也使高等學府淪為培訓和品質保證的單位。唯有把學位與就業資格分開，各校才能放手在其各自的定位上去發展本身的特色，年輕人才有機會真正依自己的意願與興趣選擇學校和科系，擠升學窄門的現象才有紓解的可能。

許多有關高等教育的制度是與其他的法令與制度糾結在一起的，譬如人事制度、兵役制度、社會福利制度……。為了高等教育的進步，也要能把這些糾結的連線剪開，以免產生牽了一髮便會動及全身而使人難以動彈的現象。

由於過去制度的影響，使多數的民眾有一個觀念，就是發生了任何失誤都是主管機關的責任。這一觀念使得政府機關怕錯、怕產生失誤。因為怕錯，所以也不敢多變，不敢讓各校享有較多的自主。此一現象是高等教育進步的路上的一大障礙，建立權責分明的觀念是很重要的。

結語

在未來的世紀中，中華民族的高等教育走向普及化、人本化、多元化、自由化、科技化、資訊化、國際化、本土化、民營化和企業化應是自然的趨勢，我們深盼在快速進步與革新的大環境中，高等教育也是不落人後的一環。

民族的復興有賴於文化建設、教育普及、政治民主與經濟建設等多方面的進步與成功，其間不容有過大的落差；也有賴於消除貧富的差距、城鄉建設的差距與地域發展的不均衡。如何達成這些目標，應該經由學術的途徑尋求答案，而且海峽兩岸的高等學府都須盡一些力量。

二十一世紀之教育與科技

中國工程師學會
中國機械工程學會
一九九七年六月二日中國電機工程學會　高雄市分會八十六年度聯合年會子題分組研討

籌備委員會選擇「邁向二十一世紀」為這次年會的主題，顯示大家都體會到我們是生活在一個強烈競爭的世界中，面對著諸多的問題與挑戰。這些問題是大家共同的問題，也是工程師們所關心的問題，值得提出來研討。今天，非常榮幸，能有這個機會，提出個人對未來教育與科技的淺見，請大家指正。

文教與科技是國力的基礎

我們回顧過去的歷史，自從工業革命以後，誰能掌握科技的優勢，就是競爭中的強勢者，反之就難免淪為有如殖民地的弱勢者。現在，軍事與政治上的殖民主義已不存在，但在文化與經濟上仍然有著弱肉強食的現象。因為科技的進步日益快速，先進者與落後者之間的差距更容易拉得很大，所以目前世界各國都非常關心自己未來的競爭力，也都在檢討自己的教育制度和科技政策。

一個國家的國力或競爭力應該是多方面因素的總和，包括政治、經濟、教育、文化等等。但是，不論政治的制度多麼完善，它必須由高素質的國民來履行；如果沒有成功的文化與教育建設，政治的建設只是空具形式。如果沒有深厚的科技基礎和高素質的國民，經濟的建設雖然成功，也是經不起考驗的。

科技進步的指數關係

科技的進步，是以過去的成果為基礎的；過去的成果愈好，進步的速度便也愈快。因此，我們可以用一個指數的關係來表示：

$$T=C\exp(At) \quad (1)$$

式中T代表一個國家科技進步的程度或是競爭力，t代表時間，C和A是兩個係數。圖一中的三條曲線就是根據方程式（1）描繪的三個國家的T值隨著時間增加的過程。如果三個國家在某一起始點的時候，有相同的科技水準和競爭力，則他們的C值應該相同，以後的發展就要看A值而定了。圖一中三個國家的A值的差別是$A_1 : A_2 : A_3 = 2 : 1.5 : 1$。由於這些差異，經過一段時間之後，他們之間的科技水準和競爭力將造成非常可觀的落差。

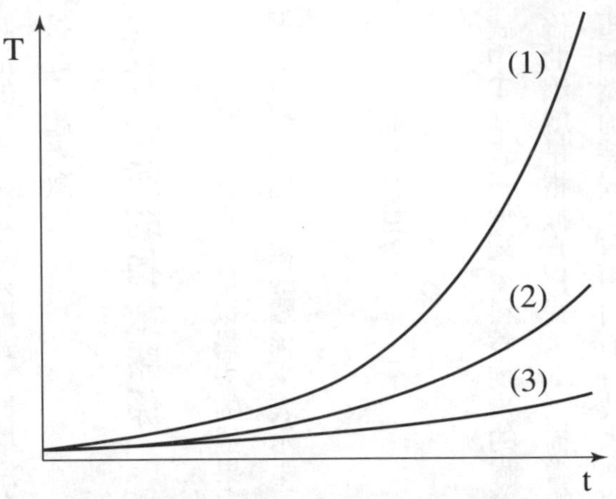

係數A代表促使科技水準和競爭力成長的各種因素，如教育建設和人民的素質(E)、政治制度和社會的安定(P)，以及如交通、通訊等的硬體建設(F)等等。因此：A＝E×P×F…。在這裡，A中所含的E、P、F等因素是相乘而不是相加的；這表示其中的任何一個如果太小的話，都會對A值，或是科技水準和競爭力成長的速度造成嚴重的傷害。

在圖一中，三個國家的A值是固定的2：1.5：1的關係。如此，雖然在初期大家的科技水準和競爭力都不高，相差也不多，但在發展了一段時間後，其間的落差變得非常之大，尤其（1）與（3）之間顯然是弱肉強食的關係。這樣的強弱之間的落差，並不是從一開始就注定了不可能改變的關係。因為A的值是可以改變的，大家都應該設法使自己國家的A值提昇，或是維持著不要降低。這實際上就是近年來，世界各主要國家都在認真地檢討自己的教育

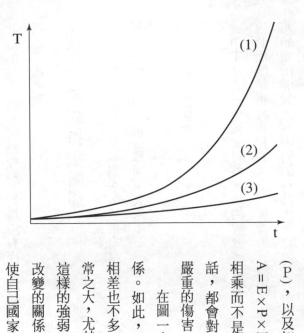

制度和科技政策的原因，也是許多發展中的國家，力求自己的政治制度和法令規章合理化，完美化並謀求社會安全、安定的主要理由。

社會進步的整體性與教育改革的全民性

社會的進步是全面性、整體性的，也是各方面相互關聯的。例如若欲追求科技水準與競爭力的提昇，必須要在教育建設、人才培育、政治建設、法令規章、社會安定、經濟建設……等方面予以配合。若在某些方面進步得比較快速，必產生帶動其他方面，使之也進步得快起來的作用。但同時也會受到進步較慢方面的牽制作用。世界上的一個普遍現象，就是科技往往是變得快、進步得也快的一個層面；而教育則是趨向於較為保守、變得也比較緩慢的一個層面。近年來在國內，此一現象尤其顯著。在經濟建設和科技水準快速進步的環境中，教育成了一個進步較為緩慢，被高呼改革的一個社會層面。大家都看得到教育上的諸多病象，交相指責而不易提出有效的治本方針。

因為社會的進步是整體性的，所以教育的建設與改革也牽涉到社會的其他層面，消除教育上的許多病象也不能只用教育的手段。教育不是處理物或事，而是處理人的工作。問題的一個癥結在於百餘年來，我們國人的心中缺少一些安全感。做父母的都缺少一分信心，相信自己的子女，不管怎樣都可以在這個社會中快快樂樂，舒舒服服地過一輩子，不必擔心衣食的來源。雖然經濟建設已經有了相當好的成就，但在我們國人的心中似乎尚缺少一分「不虞匱乏的自由」。因為如此，做父母的都希望為自己的子女爭取到一個可靠飯碗或就業機會的保證書或保護傘；而保證書的效力有高下之別，保護傘也有大小之分；於是，我們的教育系統便變成為「五百萬保護傘」爭奪戰的戰場。

一個健康正常的社會本來就應該像一座金字塔，上面小、下面大；而其中的每一個成員，不論所處的位置如何，都同等地重要。如果真正地能夠做到，讓社會上的成員，不論處在這金字塔中的那一個位置，都能夠過得舒適、愉快，不愁衣食、不虞匱乏、有尊嚴，也同等受到尊敬。那麼，不見得人人都願意爬向頂端。如果仍要向上爬的話，經由學校教育的系統也並不是唯一的上進之路，要能把許多其他的，通暢的上進之路開闢出來。這些工作多不是教育單位的職責，如果能做得到的話，我們教育系統將不再是一個戰場，許多病象也會自然而然地消除。因此，要想根本地化解我們教育上的許多困境，消除那些人人都看得到的病象，也要在教育系統之外著手。教育改革不僅是教育單位的任務，更應該是一項由許多行政單位共同關心，共同參與的全民運動。

科技進步的衝擊

由於科技的快速進步與資訊的取得日益便利，造成了知識爆炸的現象。古時，一位學者往往可以精通琴棋書畫、天文地理，是藝術家，也是科學家；做了官之後又成為政治家。但是到了現在，每一個行業都有太多的知識需要學習。學習與自己的行業密切相關的知識，時間已經嫌不夠了，那裡還有時間去學習與自己距離較遠的知識？在自己的行業中是專家，但在本行之外猶如文盲；缺少一般常識的知識窄化現象，隨著科技的進步反而日益嚴重。

科技的進步和新知的爆炸使人們忙於吸收新知，難免因而產生揚棄舊知識的現象。有許多舊的知識是應該被新知識所取代的，是可以丟掉不要的。但也有許多舊的知識，是新知識的基礎，是不應該丟掉的；丟掉了不僅是可惜而已，而且使知識斷了根本。此一知識斷根的現象，也隨著科技的進步而日益嚴重。

科技的快速進步所造成的另一種衝擊，是文藝與科學分流的現象。在科技爆炸的時代裡，我們當然不能再期望產生如達文西那樣的全才。但是，文學、藝術、音樂……等領域中的工作者，具備一些正確的科學常識，科技工作者具備一些基本的文藝素養，在現代化的社會中應該是非常重要的。現在，大家往往做不到這一點。文藝與科學分流的現象，隨著科技的進步也日益嚴重。

上述知識窄化、斷根和分流的現象，使我們的社會成了一個溫床；一個培育偽文藝和偽科學，包括偽社會科學和偽自然科學的溫床。在貧窮而科技落後的時代，我們的民智未開是理所當然的事。到了現在，在一個富裕而科技進步社會中，為什麼我們還有那麼多容易被騙、被愚弄的民眾呢？一個顯然是庸俗的演出，為什麼會有那麼多觀眾？一個顯然是譁眾取寵的競選口號，為什麼會贏得那麼多選票？有人說：我能分身，我會發光。為什麼會有那麼多人相信呢？

這些現象，是否顯示在我們的社會中，經濟建設已經有了很好的成果，政治民主化也有了不錯的進展，但文化與教育建設卻嚴重地落後了？其間的落差，是否就是社會上許多亂象的根本原因？重視通識教育，終身教育和社會教育的呼聲是有道理的。通識教育的對象不應只是在校的學生，社會教育的對象也不應只是社會上的失學者，而是社會上的每一個成員。各行各業，不論成就的高下，應該多投入些時間、多吸收些自己本行外的知識，多瞭解些有價值的舊知識；學文藝的多吸收些科學常識，學科技的也培養些對文藝的欣賞力。推動通識教育，終身教育與社會教育，當然是文教工作者的責任，也應該是各級政府和全民的共識。

科技的進步也造成了一些反科學的論調，認為科學是反自然的，認為科學是無情而反人性的，認為科學與藝術是對立的，等等。這些論調當然是由於對科學的本質缺少深入的瞭解，但也是由於許多科學工作者，他們所學與所做的過分窄化，揚棄了有價值的舊知識，又與文藝嚴重分流的關係。宗教家追求的是人性中的善，藝術家追求的是人生中的美，而科學家追求的是真；三者是互補而不可分的，不是互斥而對立的。

多元的學習管道與資訊科技

人在幼年，少年和青年時期是成長的時期，也是學習的時期。學習是高級動物在成長時期的一項重要的本能；他們像一塊海棉一樣，無時無刻不在吸收知識，以使心智成熟壯大。這是很自然的事，就像他們也不停地攝取食物以使身體成長壯大一樣。他們在生活中學習，在遊戲中學習，而在學校裡則可以讓他們學到許多在日常生活的周遭所學不到的知識，學校使學生的視野擴大，擴大到過去，也擴大到抽象的學理。

在生活中、遊戲中的學習是較為主動的，也是較為有趣的事；在學校裡的學習難免較為被動，也難免使學生覺得不是很有趣，甚至有點痛苦。在校內和生活中的學習，何者有較佳的效果，當然視情形而定。目前令很多人憂心的是，在學校裡，前段學生學到的只是應付升學考試的本領而非生活的知識，而後段學生則什麼都沒有學到，徒然浪費了寶貴的光陰；回到家裡後，主要學習的媒體是電視，而其節目為了迎合觀眾的口味，內容又有許多可議之處。這也是教育改革呼聲高漲的一大原因。

科技的進步，尤其是資訊科技的進步，使教育的管道更為多元化，也使這些管道能深入到社會的每一個角落。資訊網路把教室擴大了，對於一個問題，學習者可以透過網路提出不同的疑問，獲得各種有關的資料；如此，自然達到了因材施教的目的。有的學習者，對這個問題有了基本的瞭解就滿意了；有的學習者則希望繼續深究下去。資訊網路使學習者和教學者都有了更大的選擇空間，而不是把同樣的知識傳授給每一個學生。資訊科技的進步是不是會使電腦取代老師，讓無數的老師失業呢？當然不會。回顧過去的歷史，每次重大的科技進步都曾使人產生類似的顧慮，但每次都是創造了更多的就業，而不是失業。但教育界要能跟著科技的發展，同步地進步下去，所培育出來的人才，才能讓科技進步得更為快速。

科學教育宜以培養興趣為先

我們現在規劃科學教育時，首先須釐清其主要的目標是在於提昇全民的科學素養，而非為科學工作者做基礎性的訓練；要站在非科技工作者的立場來思考。這不是容易的事，因為科學教育的規劃者，必然是在科技的領域中，造詣較深的人。科學教育最重要的部分，也許是提昇全民對科學的愛好和興趣，讓大家體會到科學有趣的一面，並且願意主動地去追求科學的知識。科學與日常生活本來就是息息相關的。科學教育工作者應該設法將許多日常生活中，常見現象的科學原理使社會大眾瞭解。坊間有許多科學常識方面的讀物，不論其對象是幼兒、青少年或一般社會大眾，內容的品質非常重要。社會上最好能有一些評審其內容的民間團體，為民眾提供選擇好書的服務。因為若萬一不幸把一些錯誤的科學觀念，印在讀者的記憶中，尤其是青少年，是不易糾正過來的。

在國民教育階段，教材的內容都最好做到生活化和趣味化。因為在有限的時間裡，不可能灌輸太多的知識；但如果能成功地培養青少年對科學的興趣，日後不論他是否從事科技性的行業，都會不斷地追求更多的科學知識。

目前我們科學教育工作中最大的障礙是我們的社會太重視評量，因而衍生升學的壓力，包括對學生、老師和家長的壓力。教完了一段進度後，考一考學生本來也是無可厚非的事；但過分重視得分的高下，使學生們不得不強記標準答案，抹殺了他們的想像力、創造力、學習的興趣和好奇心，使學習不再好玩而是痛苦的事。如此，當他們一旦走出校園之後，怎麼可能有意願，主動的追求科學的新知呢？

工科高等教育的分與合

目前，我們在高等教育層次的工科教育，大致可分為工程和技術兩個系統。工程方面的學系以招收高中畢業生為主，而技術方面的學系則招收高職和專科的畢業生。過去，高職和專科畢業生升學的管道很窄，但近年來由於成立了不少技術學院，也漸趨寬廣。原則上，工程方面的學系較為重視基本學理，而技術方面的學系則較為重視實務。但因為就業市場只有一個，上述的差異有漸漸模糊化的趨勢。許多技術學院都非常重視教育的通識化，盡量設法補足學生在高職或專科時期較為欠缺的文史、數理等基礎性科目。工程方面學系的畢業生，因為語文與數理的基礎較好，在實務經驗方面的不足，可以在就業後的工作中學習起來。科技進步的腳步愈來愈快，今日的新技術，短時間以後難免就會被更新的技術淘汰。在學校裡最重要的也許是培養學生學習未來新科技的能力與興趣。因此，應格外重視通識與基礎性的課程。但站在雇主的立場，他們往往希望在錄用一位新進的年輕工程師之後，不經訓練，就可以把許多任務擔當下來。這兩方面的看法差距頗大。但大家都同意的一點是，工作的精神與態度往往比能力還重要。

在未來的時代裡，教育也會像其他領域一樣，必將日趨開放與自由化，高等教育更會如此；開放會導致更多的自由競爭，和市場導向的辦學政策。學生希望學社會所需要的，於是學校便會教學生所想要學的。開放也會促使學校發展自己的特色。社會上需要各種類型的人才，於是便會產生各種不同類型的高等教育學府。開放與競爭未嘗不是一個促使改革與進步的正確的策略。

結語

在未來的時代裡，科技的進步必然會比過去更為快速。如何使我們的國民在科技爆炸的大環境中，能夠過得快樂幸福，是教育工作者的一大挑戰。為了能夠與世界上其他國家公平地競爭，必須要把制度上的許多不必要的限制解除掉。在思考教育的制度和科技的政策時，也要以人為中心，增進國民的福祉，才是最高的努力目標。

讓全國都是文教的優先區

——教育改革審議委員會結束感言

一九九六年十二月三十一日《教改通訊》第二十七期

前言

在「教育改革審議委員會」的工作結束的時候，社會上正發生著一連串令人痛心的事件，騙、偷、殺、搶……在在顯示我們的人民在素質上有些問題。大家難免感嘆著文化與教育建設中失敗的部分，也忙著處理這些燃眉之急的不幸事件。頭痛的時候趕緊吃些止痛劑，是可以理解的人之常情，但不能長期服用。近來也常看到政府單位間指責把教育經費移作他用的新聞，局外人很難分辨孰是孰非；但從來不見有指責把其他的經費移作文教之用的報導。為了探討以上的問題，描繪出一個社會發展歷程的示意圖，如圖一。

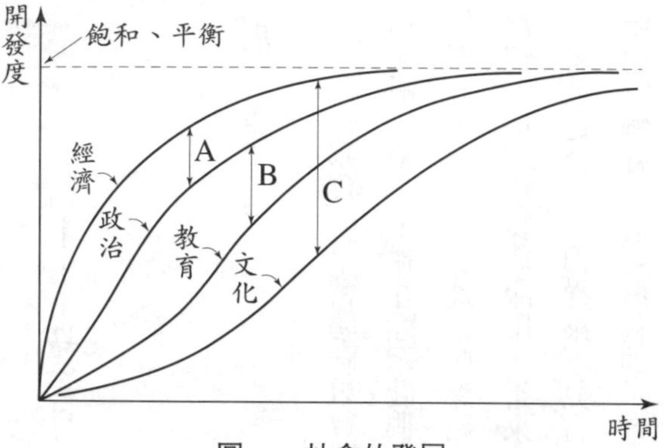

圖一　社會的發展

文教建設的重要性

在國家的安全受到威脅時，國防當然重於一切；在安全較為無慮之後，最迫切的問題便是經濟建設，以求全民得以溫飽；在社會適度地富裕之後，跟著來的是政治革新與民主化的需求；而教育與文化建設是最費時日而感覺不出迫切壓力的工作。因此而產生的如圖一所示的A，B，C等的落差，便是社會上各種問題與亂象的根本原因。當國民的素質尚有所欠缺的時候，雖然經濟上已經富裕，政治上也有了民主合理的制度，但仍難以創造高品質的生活環境。在一個社會中，如果教育建設和人民文化素質已經有了相當的基礎，即使由於天災人禍，在國防上、經濟上甚至政治制度上受到一時的嚴重創傷，恢復起來也是很快的，這在近世史上不乏實例。因此，當前我們國家建設的要務，是到了該把教育與文化放在最優先的時候。過去多少年來，因為外在環境的關係，教育一直是為了政治的安定和經濟的建設扮演配合者的角色，根據教育之外的需求來制定教育的政策。現在，已到了該加以檢討的時候，要重視文化和教育建設獨立的重要性；也應該站在受教育者的立場和提昇全民文化素質的立場來思考問題。

以合理的制度來導正觀念上的偏差

在談到教育上的許多問題和不正常的現象時，往往會歸咎於社會上的士大夫思想、科舉思想、升學主義、文憑主義和一元化的價值觀。年輕人似乎只有順利升學，且升入排行榜上位置較高的學校，才算有出息、能上進；中等學校莫不以升學率為辦學成績的重要指標；大專校院中的每一個科系也都斤斤計較於聯考排行榜上排名位置的升降。這些，看來似是社會大眾心中的「主義」或「觀念」的問題。但主義或觀念是由於現實環境的因素所造成的，也會隨著現實環境的改變而修正。在名校的文憑確實很有用、年輕人除了升學之外，看不到其他通暢的上進管道的情況下，用宣導或禁止的手段來消除惡性補習、能力編班和忽視後段學生的現象是極困難的事。欲突破當前教育的困境，必須由消除造成這些不正常現象的制度和環境因素著手。

開拓多元而通暢的上進管道

圖二是根據民國八十五年教育部編印的《中華民國教育統計》中的資料繪製而成，圖中橫向

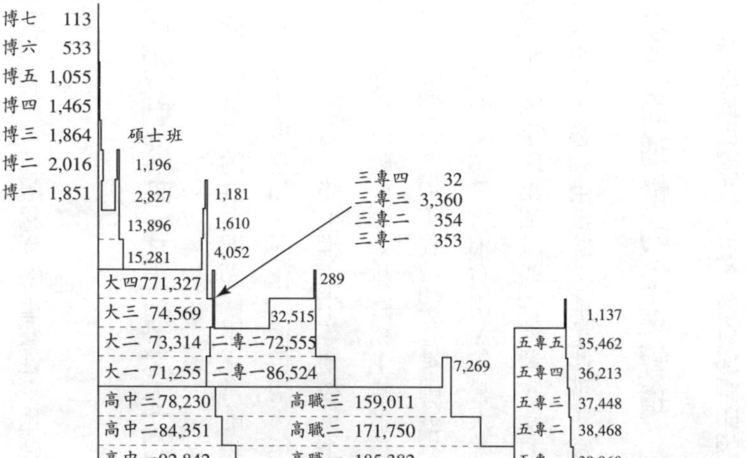

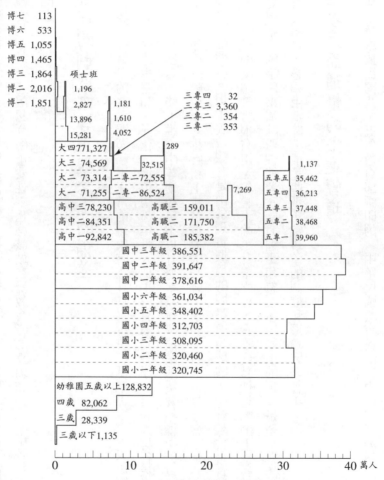

圖二 八十四學年度各級學校學生人數

資料來源：教育部編印，《中華民國教育統計》，民八十五年。

的寬度代表各種學制的各級學校的學生人數。由這張圖可以看出，由於近年來人口出生率降低的關係，目前國小三、四年級的學生，未來從國中畢業時，升學的機會將會大於百分之百。現在的各大學校院的一年級，也幾乎已經足夠容納全部的應屆高中畢業生。因此，我們的問題還是出在大家擠向前段班，前段校，和前段系的現象。

社會上似乎有一個錯覺，認為一個年輕人，在圖二中愈是佔有較高的位置，便愈有出息，愈有成就。事實上，當一位青年還停留在這張圖中的任何一個位置時，他是在接受社會的培育，在消耗社會的資源。他在這張圖中所佔的位置愈高，所享受到的社會資源也愈多；換句話說，他對社會的負債也愈多。至於他多麼有出息，多麼有成就，則要看他離開這張圖中的學校系統以後的表現而定。在這張圖中，曾經佔據過較高的位置，享受過較多的社會資源的年輕人，在離開學校踏入社會之後，應該表現得較為有出息、有成就，以便對社會能有較多的回饋；但這不一定是必然的。如果能在各種制度上，使從圖二中任何一個位置走出學校系統的年輕人，國中、高中、高職、專科、大學的畢業生和碩士、博士……，都有充分的機會與管道變得很有出息、有成就，對社會也很有貢獻，才是最佳的制度，也才能完全紓解教育系統中的塞車現象。教育的困境不能只用學校教育的手段來化解，而要在學校系統之外開闢多元而通暢的管道，來滿足每一個青年人的上進心。

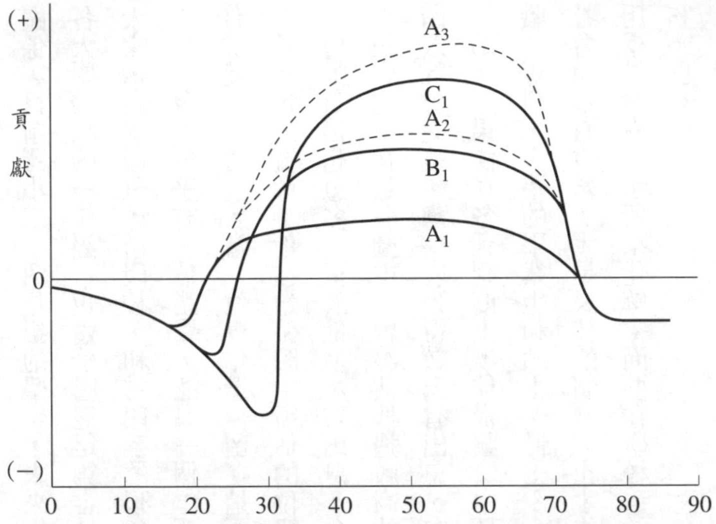

圖　三

提高全民的貢獻曲線

圖三是表示個人對社會的貢獻隨年齡變化的示意圖。在年幼時、就學時和年老後，因為受社會的養育、培植和照顧，所以貢獻是負值。當然每一個有志氣的人，都希望自己的貢獻曲線正值的面積大於負值的面積。圖中A_1，B_1和C_1分別是目前一般社會上所預期的高職畢業生、大學畢業生和博士的貢獻曲線。高職畢業生在就學期間所享受到的社會資源比大學畢業生少，比博士更少，在就業期間對社會的貢獻也較少。果真如此，誰甘心做一個低成就的高職畢業生呢？在學校教育系統中難怪要形成塞車的現象了。因此，在學校教育的系統之外，要能夠提供充分的機會與管道，使每

一位高職畢業生都能有如A_2和A_3的貢獻曲線的機會。這樣的成就是在工作中不斷地學習長進中得到的。事實上，國內外也不乏這樣的實例。

教育也是一種高尚的消費品

如果社會上的每個個體的貢獻曲線都如圖三中描繪的那樣，正值的部分大於負值的部分，生產大於消費，是否會造成資源氾濫的現象，而導致諸多困擾呢？個人在生活富裕之後，便有權去選擇自己所購買的消費品和享受的方式。多數人的選擇是高雅或庸俗，關係著國家和民族的文化素質和前途。很多國人可能傾向於購買教育，這是一種可喜的現象。教育猶如衣食，在某一層次之下是生活的必需品，以上的則是一種生活上的享受。對個人而言，所受的教育中較高層次的部分，不必與就業求生的技能直接相關；不相關的部分，不必視之為一種浪費，而應視之為享受。選擇的若是庸俗的消費品和享受方式才是浪費，也會對社會的整體造成傷害。對國家整體而言，也不必依據經濟等的建設需求來規劃教育，供需的機制會自然地發揮調節的功能。在歐，美，澳的許多國家，已將教育視為一種出口商品準備向我們傾銷的時候，也該考慮一下如何提高國貨的競爭力和供應量的問題了。

結語

在八國聯軍、鴉片戰爭的時代，有識之士即指出，欲救國必先強民。國人之病在於貧、愚、弱、私。多年的動亂之後，我們有幸在臺灣享受了安定的五十年，經濟建設的成果使國人已不貧也不弱，但近來頻頻發生的不幸事件，卻顯示著有不少的民眾仍然居住在怪、力、亂、神的精神的違章建築中。雖然是違章建築，還是先建後拆的好。先把多元而高品味與格調的國民住宅建起來，誰還會留在陰暗的違章建築中呢？解決當前諸多頭痛問題的治本之道，就是加速把圖一中顯示文教建設落後現象的差距消除掉。

《教育改革總諮議報告書》中的一項重要呼籲是：教育改革是一項全民運動，除了政府中的教育單位以外，也要靠其他機構來共同推動。例如有關法令和考銓、人事、審計、證照、兵役……等諸多制度的改進和現代化，都不能只靠教育機構來完成，唯有靠大家的合作，在圖二中學校系統所涵蓋的面積的上方空白的每一個位置，都畫上許多代表上進管道的寬廣的箭頭，教育工作的困境才能化解。

現在，經濟與政治等方面的建設都已有相當基礎，而人文的環境卻日益惡化，文化與教育是國家建設最根本的部分，關係著國民的素質，不能再繼續扮演配合者的角色，應該是提昇到最優先地位的時候了。讓全國都是文教的優先區！

發展中的國立成功大學

一九九五年十一月六日「成大的發展回顧與未來展望座談會」講稿

發表於《國立成功大學校刊》第一七六期

前言

教授聯誼會主辦這次「成大的發展回顧與未來展望座談會」作為校慶活動的一部分，是一件很有意義的事。座談會分為校史的發展、校風的轉變與未來的展望三場。在校史的發展方面，分別請了莊君地、史惠順兩位老師就「日據時代」和「光復到省立成功大學時期」兩部分作引言。而「國立成功大學時期」的部分，則指定我來作引言；大概是因為在這一時段中，我都在校任教並且兼任過一些行政工作的關係吧。

本校的前身是日據時期的臺南高等工業學校，後易名為臺南工業專門學校，經過籌備時期之後創校於民國二十年。民國三十四年八月抗戰勝利，同年十月二十五日臺灣光復，次年元月本校改名為臺灣省臺南工業專門學校，同年十月又升格為臺灣省理工學院。經過十年的成長之後，本校已具有綜合大學的規模，於是在民國四十五年八月改制為臺灣省立成功大學；又十五年之後，在民國六十年七月改制為國立成功大學。有關本校成長發展的歷程，有以下幾件可資參考的文件：

一、有一本記載臺灣光復之前本校校務大事的日誌，存放在校史室中。

二、民國六十五年，為了慶祝臺灣光復後三十年的校慶，編印了一本《國立成功大學校史紀要初稿》，是大事紀形式的校史資料，主編者為呂興昌教授。

三、民國七十五年，也是為了慶祝校慶，編印了一冊《成大四十年》。

四、民國八十年，為了紀念建校六十週年，又編印了一冊《成大六十年》。在《成大四十年》和《成大六十年》中都收集了許多紀念性的文字和圖片，印刷相當精美，在編輯過程中出力最多的是李金振教授。

五、在出版《成大六十年》的同時也出版了一本《國立成功大學校史稿》，也是一本大事紀形式的校史資料，主編者為石萬壽教授。

在本文中，筆者並不想為上面的幾件有關本校校史的文獻作摘要或補充，而只是把個人一時所想到的，在本校改制為國立大學之後以迄目前的期間，校務發展上值得一提的一些問題，拉雜地寫下來，請大家參考。

討論學校過去發展的過程，應該以一些具體的數據為依據。如果以時間為橫軸，以各種足以顯示學校的規模和品質的指標為縱軸，畫出一系列的曲線來，或者是列成表格，就可以很明白地看出學校成長與發展的過程。筆者因為沒有花時間去把這些數據找出來，在本文中只能用文字敘述，若有不正確的地方還要請大家指正。

外在的環境

探討國立成功大學的發展過程，首先應看一看在這二十四年之中我們所處的大環境。本校改為國立時，正是美國國務卿季辛吉訪問中國大陸的那一年，是美蘇兩大集團由鬥爭轉向和解的時候。和解的一項後果是使中華民國在外交上日益困難，同年十月退出了聯合國，次年與日本斷交，又六年之後終於與美國終止了正式的關係，使外交的處境達到了谷底。和解的另一項後果是使鐵幕逐漸開放，最後終於導致東歐共產國家以及蘇聯的紛紛解體和德國的統一。在過去這二十四年中，世界上局部的戰爭不斷，其中一九七三年美國的退出越戰以及同年的石油戰爭所導致的能源危機，對我們的影響最為顯著。世界的局勢發展到現階段，貧窮飢餓的國家仍然貧窮。另一方面，由於資訊科技的進步，使國與國之間的界線日淡，經濟上趨向區域性的合作；但不同種族、宗教間的壁壘卻更為分明，而國際政治上的重新洗牌似正在進行之中。

對外關係的困境，一方面導致外交工作的務實化，另一方面也促成了自力更生的共識。本校航空及太空研究所的成立及其所在地自強校區的命名，都充分地顯示了此一現象。自本校改為國立以迄目前，也正是國家經濟建設起飛的階段，多項的重大國家建設計畫都是在此一時期中完成的，本校的醫學中心就是其中的一部分。由於經濟建設的成功，使外匯的存底接近千億美元，並被譽為奇蹟和一條小龍。過去的二十幾年，也是世界上科技水準快速提昇的階段；半導體、超大型積體電路、自動化，以及資訊科技與工業的發展非常快速。由產品的質與量看來，臺灣在這些方面的成長是相當令人滿意的。在此同時，重視能源的節約、環境的保護與自然生態的平衡，也都是世界上先進國家的共識，臺灣在這些方面也都能不落人後；在以上種種國家建設以及成長茁壯的過程中，國立成功大學經由教學與研究的管道，都貢獻了一分力量。

經濟建設的成功使國民生活安定富裕，貧富的差距不大更是一個值得自豪的特色，再加上海峽兩岸關係的穩定，使中華民國有了政治革新與開放的基礎。因此，從本校改為國立以來約二十多年，也正是反對黨成立、解嚴、廢止憲法中的臨時條款、資深民意代表退職、省長及直轄市長民選等等一連串政治上的變革的時候。政治建設應該是一個比經濟建設難度更高的手術，又因為起步遲了些，腳步又不得不快一些，若干陣痛是難免的事，在大學的校園中自然也產生了不少的漣漪。

過去的二十多年，也是與大陸關係逐步開放的時期，包括通訊、探親、旅遊、學術文化交流、經貿與投資等等。和大陸實質上的投資與經貿關係，使海峽兩岸成了一對血脈相連，但對雙方的身分又不能達成共識的連體嬰。等過了五十或一百年之後，再讀讀描述這一個時期的歷史，將是蠻有趣的事。過去的二十多年也是大陸上快速質變的時期，與臺灣相較，其內部城鄉的差距大，貧富的差距大，尤其是經濟自由化與建設的腳步遠較政治與制度的變革為快，應是最令人擔心的現象。

教育是立國的根本，應該要能夠帶領政治與經濟建設才好。但因為其成敗難以立竿見影，不易成為施政者智慮所及的重點，也往往會退居為政治安定或經濟建設的配合者的角色。因此而造成的負面效應，在近幾年中都顯現了出來。我們的大學及研究所教育辦得頗夠水準，但卻是建築在問題層出的國民教育的基礎上。教育的改革成了當前的要務之一。這是一件比經濟與政治建設難度更高的手術，也是一件需要全民及各級政府共同參與的大事。建立正確的共識與培養健康的價值觀，應是成敗的關鍵。

最近到馬來西亞訪問，一位資深的校友說，他們的內閣總理計畫要在西元二〇二〇年把馬來西亞建設為一個已開發的國家。我告訴他，以他們的天然條件，如果政治安定，經濟建設是不難達成的事；但與經濟建設的同時，文化的建設更為重要，否則只是成為一個庸俗的暴發戶罷了。我們的行政院在十四年前成立了文化建設委員會。但是，文化建設不應該只是某一個行政部門的事，更有賴全民和各級政府長期的努力來完成的。

筆者萬分感謝涂永清教授，他為了與本文的呼應，特地撰寫了一份近二十四年的國內外的大事紀，現複印附上，請大家參考。

院、系與研究所的設立

本校於民國六十年七月一日改制為國立。當時有文、理、工、商四個學院、二十三個系科、八個研究所、三個博士班，夜間部有六個系。文學院有三個系及共同科；理學院有四個系和物理碩士班；工學院有十個系、五個碩士班和電機、化工與土木三個博士班；商學院有四個系和工業管理碩士班。此外，還有一個附設的高級工業職業進修補習學校。

因為成功大學是由一個獨立的工學院擴充改制而成的；工學院的實力雄厚，形成一院獨大的態勢；在後來的發展過程中，也是工學院成長得較快。一個完善的綜合性大學，必須擁有高水準的人文與社會學院；而工程及應用科學的發展，也要有一個強大的理學院在前面領導。在國家的經濟建設中，經營管理也至為重要。歷年來，本校的同仁都有以上的共識，也認為各學院應均衡發展。這在每年申請成立研究所時所排列的優先次序上，可以很明顯地看得出來。但在本校改制為國立大學之後的二十來年中，正是國家經濟建設掛帥的時候，政府的許多措施都要考慮其在經濟建設上與近程實用上的功能，對於新系所的設立也過分地重視人力規劃的資料，和畢業生就業出路的因素。因此，本校在醫學系和航空及太空研究所成立了一年之後（七十二學年），化學系才獲准成立了碩士班；再一年文學院才成立了第一個研究所。近年來，社會上服務業的比重日漸增高，國民在人文方面的素質也愈來愈受到重視，上述忽視人文及基礎科學教育的現象已獲得改善。

有人質疑，在本校改制為國立後的最初幾年中，工學院成立新系的數目是否偏高？是否把工程的領域劃分得過細而分散了實力？若干學術層次較低的領域是否有在大學中設系的必要？橫向的過度成長是否影響了縱向的提昇？這些問題好像在一群兄弟姐妹之間討論自己的父母當年的家庭計畫，老大和老么的意見自然會見仁見智，也許需要再觀察一、二十年才能做成結論。在過去的一個相當長的時間中，政府對於各國立大學設立研究所和博士班的申請，採取各校都給予大致相同額度的作法。在這樣的制度下，我們的學校因為系的數目多，在發展研究所和博士班的時程上，與系的數目少的學校相比之下，當然較為不利。此一現象，近年來也已獲得改善；本校各系成立研究所和博士班的需求，大致上也已滿足了。

本校自改制為國立以後的二十多年中，許多新的系、研究所、碩士班和博士班陸續地設立，使學校的規模日益壯大，可以說是發展史上成長快速的一個階段。其中最值得一提的有以下幾項：

1. 醫學院及附設醫院是當時十四項建設的一部分，其成立使本校能在醫療保健方面服務南臺灣，也成為一個醫學教學與研究的中心。由於醫學院與其他各學院密切合作的特色，也使本校成為一個更具規模的綜合性大學。

2. 航空及太空研究所的設立，不但使本校又增加了一個高品質的，大規模的研究所，其所附設約佔地二十餘甲的實驗場，目前已提昇為一級的研究中心，也成為本校的一大特色。

3. 政治經濟學研究所的設立，使本校踏入了法政與社會科學的領域，是本校日後向此一方向發展的先驅單位。

4.藝術研究所。校外人士，甚至部分本校師生，難免有一個先入為主的觀念，認為成功大學是一個重視理工，忽略文藝的學校，其實並不然，我們校園裡經常有許多文藝活動。藝術研究所的成立，更使這些活動增加了一個著力點。

5.附設空中商業專科進修補習學校。社會教育是國家教育工作中一個重要的環節，是需要以全民的力量來推動的教育工作，國立大學也不能置身事外。這個附設空中商專的成立，就像附工補校一樣，對本校學術層次的提昇雖無助益，卻彰顯了本校對社會的關心。近日來，為了提昇國民的素質，重視社會教育和終身教育的呼聲日高，由國家整體利益的觀點來看，當年學校決策者的決定，還是正確的。

目前，國際市場上農產品的價格低廉，我們很容易用工業產品換取足夠的糧食，這種狀態會永遠維持下去嗎？會不會倒轉過來呢？看看世界上的人口中，目前有多少正處於貧窮和半飢餓狀態，就難免會感受到全面缺糧的陰影。糧食的自給自足是很重要的。臺灣地窄人稠，是不是應該早些開發以新的生物科技為基礎的農業呢？成功大學是不是應該在文、理、工、管理、醫、法政、教育之後，早些踏入這個新領域呢？

師資、教學與研究

本校在改制為國立大學之初，在臺灣光復後的幾年內，由大陸來臺到本校任教的教授們，仍在師資架構中佔有相當高的比例。當時這些老師們的年齡約在五十幾到六十之間，都是在教學工作上很有經驗的資深老師。另外是一些本校培養出來的，或是從其他單位羅致而來的較年輕的老師。與美國普渡大學合作期間，選派出國進修的老師們也都回校服務，其中一部分是取得博士學位後回來的。

在民國六十年代初期，留學生回國任教的為數甚少，記得在改制為國立大學的初期，全校有博士學位的資深和新進的老師只有二十來人。成立了研究所的各系所培養的碩士，部分留下來在本系擔任講師，再利用國科會補助出國進修的機會，到國外修讀博士學位後再返校任教。在一些成立了博士班的系裡，這些才拿到碩士學位的講師多會一面任教，一面修讀博士學位；往往在尚未完成學業之前，就有機會出國進修而到國外大學中去取得博士學位。再過了一段時間以後，各系的博士班日益健全，於是便有更多的人留下來攻讀博士學位，也有較多自己培養的博士留下來在本系任教。看了以上的敘述，難免使人覺得，我們的師資結構中，似有近親繁殖的現象。這是因為一直到民國七十年代後期之前，留學生回國的潮流尚未盛行，本校又位在南臺灣，師資的羅致確是較為不易。因為大家注意到此一現象，所以學校高級主管出國訪才的活動，相當頻繁。當時的情況與近年來有一個教師的缺，就有上百的應徵者的現象是不能同日而語的。

在本校改制為國立大學的初期，老師們從事學術研究的風氣已經相當盛了。在化工系賴再得老師的研究室裡的牆上，貼著他在國際學術期刊中所發表的論文目錄的海報。這個目錄愈寫愈長，最後拖到了地上，賴老師成為年輕老師們的榜樣；而在國際知名的期刊中發表更多的論文也成為許多老師們努力的目標。漸漸地本校各系中，論文目錄的長度能和當年的賴老師相比的教授們愈來愈多，到了現在，可以說比比皆是，當年的一些先驅者的功勞是不可磨滅的。

早期的「工程科學研究中心」是一個由國科會編列預算的單位，經費充裕，設在本校，而其服務的對象只有成大、臺大和交大三個學校的土木、機械、電機、化工四個系，對本校在研究資源上提供了頗大的助益。在其所附設的電子計算機中心裡有一臺IBM 1130電腦，更是當時師生們的重要研究工具。

國科會的研究獎助金是提昇學術研究風氣的一大誘因，在正教授月薪是四千元的時候，每月五千元的研究獎助金當然是極為吸引人的。在此後的許多年中，公教的薪給年年調升，但研究獎助金卻並沒有依比例跟進，致使得到研究獎助金是一項榮譽的成分日益提高；其鼓勵學術研究的作用，似乎並沒有因為金額的相對減少而降低。

成功大學的學術研究實力，多年來一直都是在工程和自然科學方面，自從醫學院成立了以後也有相當出色的表現。近年來工程索引(Engineering Index)中所收錄的論文的篇數，本校往往是全國（包括大陸上的各大學）最高的；而在科學引證索引(Science Citation Index)中所收錄的論文的篇數，也常在前三名之內。本校在服務性的建教合作計畫方面，向來都做得相當多；對國家經濟建設有實質的貢獻，金額較高的大型計畫，多在土木類的幾個系中。

在教學工作方面，本校一向做得踏實，是一個重要的特色；但各系所要求的必修學分和畢業學分普遍地偏高，這也是國內各大學中的一個共同的現象。自改制為國立大學以迄今日的二十多年之中，正是各系紛紛設立碩士班和博士班的階段；老師們因為需要投入許多心力在研究所的教學和研究工作上，對大學部的教學工作的品質，難免有些影響。許多系的大學部同學需要作一篇論文的規定，漸漸地都取消或改為選修了；工廠實習的課程也都取消或改為選修了。因為各系都有一些僑生，對國內的考試較不適應，致使先修科目的制度難以嚴格執行。在此一階段中，在課程方面值得一提的還有以下幾項：

1.工學院把校外實習改為選修：這是筆者在兼任工學院院長時的一個決定。要求到校外工廠實習，本是本校的一項重要的特色。四十餘年前，大概是因為救國團的成立，暑期中有其他的活動，從要求實習六個月降低為四個月，後來又降為兩個月；最後，由於工學院的規模愈來愈大，執行上困難日多，為了不想鼓勵學生作假，只好忍痛改為選修。

2.取消了補考的制度：對於成績的評定，任課老師本來就有絕對的自主權，補考的制度只是讓老師多了一個選擇的自由度，利用補考的手段，讓學生在寒暑假中，把學得不夠透澈的課程再加強一下。這個制度的取消，雖然使教務行政的作業簡化了一些，對教學的品質難免有少許影響。

3. 建立了輔系和雙學位的制度，但在實際執行上還是有許多技術上的困難。

4. 在教育部對於共同必修科目和軍訓課程的規定的修訂過程中，本校對於這些課程的規劃工作做得相當好，有些部分甚至具有示範性的作用。

5. 對於通識教育，愈來愈有共識；但在各系中對此一方面的認知，則尚有待加強。

6. 一再試行共同性科目，如微積分、普通物理、普通化學的大班上課的制度，但其效果在師生中尚欠共識。

財務、土地、房舍和設備

成功大學在由省立改制為國立的時候，據說當時的預算金額並沒有改為國立大學的標準；其後的幾個新系的設立，也是在不增加全校總人事經費的條件下獲准的；不知是否屬實。直到目前為止，本校的預算書中，有一部分教師的人事經費不是以薪資乘以人數的方式編列，而是以鐘點費的方式編列；此一縮水現象，可能就是因此而發生的。

在本校改制為國立的最初的七、八年中，預算的額度相當緊，但在此情況下仍興建了中正堂，及目前的數學館和綜合大樓等大型建築，並且增購了建國校區。在學校預算經費較為拮据的那一段時間中，國科會和工程科學研究中心的支援，夜間部學分費的收入，以及建教合作的經費，對當時學校的運作是相當有幫助的。

自民國六十年代末期開始，本校預算的額度開始好轉，最初的階段可能是由於校長與中央政府的關係良好；其後，因為國會中要求中央政府科學、教育和文化的預算要達到憲法中規定的標準，使教育部的經費較為充裕；在最近的六、七年中，因為教育部對於各校預算編列的制度化，使預算編得合理的學校，所得到的也較為合理。在預算較為寬裕的這一個時段，本校由於籌設兩個大單位，醫學院和航太所，以及陸續增購校地，佔去了非常大的額度，使其他單位的成長難免受到影響。目前本校所有的樓地板面積和圖書儀器設備，大部分都是在過去的十五、六年中得到的。

學生與校園生活

本校改制為國立大學時，是在筆者從美國回母校任教之後的一年；當時正是越戰的末期，在美國的大學生中，嬉皮、反傳統、反戰之風盛行。青年人關心國事、關心少數民族和弱勢者的權益，因而採取了許多劇烈的行動。回到臺南來之後，校園裡環境幽美，但校園外的大學路和育樂街上則髒亂不堪，居民的生活條件很差，和圍牆內的校園成了很強的對比。我們的同學們只是追求自己的學業，或是兼些家教，過著安定的大學生活；除了民國六十年五月的釣魚臺事件以外，對國事和許多社會上的問題似乎並不太關心。

民國六十七年，我受邀到美國一個學校擔任一學期的客座教授，當時越戰已經結束了幾年，經濟情況似乎並不太好，年輕學生中的風氣也不一樣了，頭髮剪短了，衣著也變得保守了，上課、作作業、考試都相當認真。他們最關心的，似乎只是自己的成績單和畢業後就業的機會。是年的十二月，卡特總統宣布與中華民國斷交。次年元月四日我從美國回來，一下飛機就看到許多青年學生們在松山機場為了籌募自強基金在賣花，感覺到我們的學生們活起來了！

在其後的十餘年中，隨著政治的開放和民主化，同學們關心國事和社會問題的活動也漸增多。在過去的一個時段中，大學的校園似乎成了政治角力的舞臺。在此同時，校園中除了學術性、康樂性、技藝性的社團以外，也成立了許多服務性的社團；他們關心社會上的弱勢者，並且以實際的行動來幫助他們；參與這些社團的學生人數相當多，似乎將是大學校園生活的一個新的走向。

在畢業、迎新的時候，同學們難免想要開個舞會，在早期，這是不准的。在畢業典禮之前，同學們會選一天晚上在中正堂辦一個畢業茶會之類的活動，也邀請系主任和老師們參加。老師們看到女同學們一個個打扮得漂漂亮亮，心中當然猜得出是怎麼一回事，等時間差不多的時候就都很識相地走了。於是桌子搬開了，舞會也開始了，訓導處在理論上是不知道的。後來，從部分開放到完全開放，也經過了一段值得回憶的過程。到了現在，開個舞會對同學們來說已經不是什麼特別好玩的事了。

結語

成功大學自創校迄今，有六十多年的歷史，可以說還是一個年輕的大學。好像一個二十歲的青年，和一些發展已定型的世界上的一流學校站在一起，不顯得矮，也不顯得小；我們已經有了相當不錯的基礎和規模，但也還有相當大的成長空間。在未來的年代中，外在的大環境會比過去變得更快。但不論環境怎麼變，有一個原則是不能變的，就是教學與學術研究工作要做得實在，品質要不斷地提昇。要以前瞻和宏觀的視野規劃教學的內容，使學生不只是在在校期間學有所得，也要培養其終生不斷地學習求進步的意願、興趣與能力。在學術研究工作中所追求的，應該是成果的實用性，或是在世界學術界中持續性的價值，而不再是論文的篇數。

一所成功的綜合性大學，不能只等於幾個不同的學院加在一起，而是要能起加成與互補的作用。在一所擁有高品質的文學院的大學裡，其工學院的畢業生要與一個獨立的工學院所培養出來的畢業生有一些不同的氣質。在一所擁有強大的理學院的大學裡，醫學院的教授們，應該比在一個純醫科的大學裡有更寬廣的學術研究的空間。

大學是社會的一部分，許多服務性的工作也是我們應盡的義務。今後，落實社會教育和推展國民終身教育，將是國家建設中的一項重點工作，成功大學也應該在這一方面分擔適當的角色。隨著政治的民主化，中央政府的財源勢必流向與多數選民直接相關的社會福利與國民教育。在高等教育經費趨向拮据的態勢下，透過社會服務來開闢財源，也是各大學難免要採取的方向。

糊塗齋史學論稿

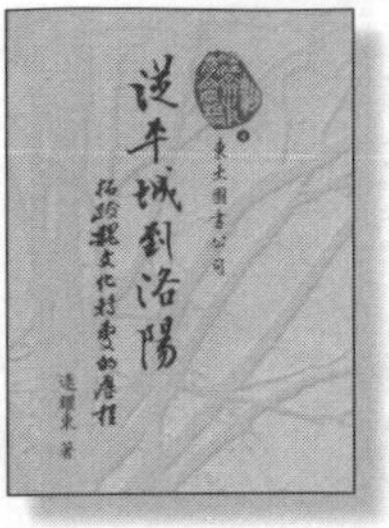

從平城到洛陽——拓跋魏文化轉變的歷程

討論近代以前的中國歷史，無可否認地，邊疆民族與漢民族以長城為基線，所發生的衝突與調和，對彼此的歷史與文化形成的激盪，是一個非常重要的問題。

逯耀東教授以拓跋魏進入長城建立的首都平城，與孝文帝遷都後的洛陽為基點，討論與分析拓跋魏進入長城後，近一個世紀文化變遷的歷程，見解精闢，體系自成。

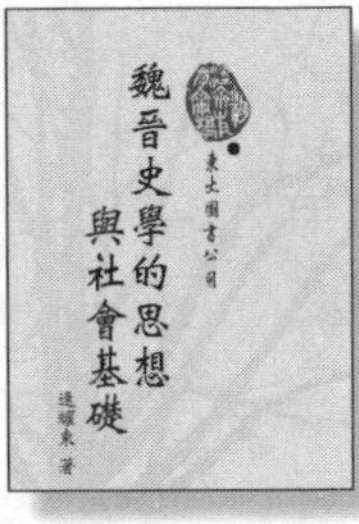

魏晉史學的思想與社會基礎

中國傳統史學，和政治總有千縷萬緒的牽扯。但如果一個時期政治威權的控制力量稍減，而且文化理想又超越政治權威之時，史學就會多元化發展，出現一個史學繁榮與黃金的時代。這正是魏晉史學發展的歷史環境。逯耀東教授以其治魏晉多年的經驗，結合中國傳統史學的發展與流變，對魏晉的新史學寫作形式與傳統經學、史學交纏的關係作較深層次的探討與分析。

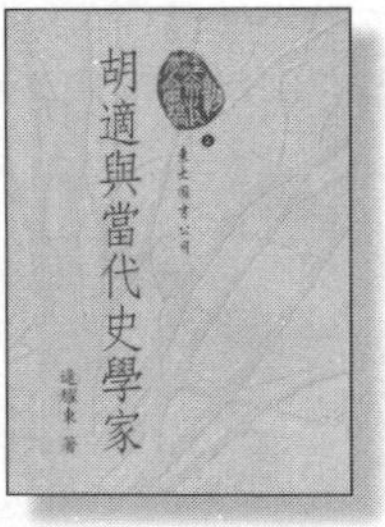

胡適與當代史學家

中國古往今來的學者，尚未蓋棺即被論定的，祇有胡適。且看胡適處於中國現代史學發展兩個重大的轉折之間，對於中國現代史學發展深刻而久遠的影響。

本書並論及和胡適有關的當代史學家陳寅恪、陳垣、顧頡剛、傅斯年、羅爾綱、錢穆、沈剛伯、郭沫若等。相信能帶領讀者畫出一個中國現代史學清晰的輪廓。

魏晉史學及其他

魏晉不僅是個離亂的時代，同時也是中國第一次文化蛻變的時期，更是中國史學黃金時代。本書除藉著對魏晉史學的討論，幫助讀者體會魏晉史學探索過程的觀念外。更對魏晉時代的散論，以及長城文化作深入的探討。這些以文學筆觸寫成的歷史文章，常帶感情，讀來倍添溫情。

似是閒雲

本書輯錄了作者這些年來不同時期對於時事的感懷與慨歎。在青眼觀世之際，卻於心底浮現出一片閒雲，開始與喧囂的塵世展開無聲的對話；在深富情感的筆下，蘊含著傳統知識份子向來所堅持的歷史胸襟和人文關懷。

出門訪古早

逯耀東教授是當代中國飲食文化的拓墾者，這些年一直致力於將中國飲食由掌故提升到文化的層次。曾前後至中國大陸二十餘次，從江南到塞北，探訪各地民間飲食的變遷。在臺灣經常到各城鎮，尋覓流失的古早飲食，並探索過去半個世紀本土飲食文化，在社會迅速轉變中的衝擊與融合。《出門訪古早》以歷史的考證，文學的筆觸，記錄了他這些年的觀察，以及觀察後失落的喟嘆。

窗外有棵相思

本書是逯耀東教授多年在香港的心路歷程。這些年他寄跡於市井之中，自逐於紛紜之外，以青白眼觀人論世，滌盡過往的狂放與激情。因此，對個人及國家之事，都可以經過冷靜觀察與思考之後，留下較客觀的判斷與評價。雖然，這些年他徘徊在異鄉人與過客之間，最後仍然選擇了歸程。因為這裡是他的故國。不過，歸來後，他卻更沉默寡言了。所以，《窗外有棵相思》，寫的是一個中國知識份子從漂流到潛沉的過程。

逯耀東教授作品集

糊塗齋文稿

肚大能容──中國飲食文化散記

吃，在中國人的生活中扮演著重要角色。但要能吃出學問，可就不是件簡單的事了！逯耀東教授是中國飲食文化的開拓者，更是一位知味的人。透過歷史的考察、文學的筆觸，與社會文化變遷相銜接，更上層樓，為中國飲食文化拓展出新的領域。在翻開這本書之前，我們可要先請您作好減肥的準備，畢竟在逯教授精彩的文筆下，誰能抵抗美食的誘惑呢?!

那年初一

逯耀東教授在六〇年代寫的〈又來的時候〉，最後一句「讓我們一齊把酒瓶擲向藍天」，激起了多少青年人的豪情。後來他潛沉了。他在本書自序說：「雖然過去也曾對家事國事感慨一番，但都是些出自書生空議論的閒愁，既無補實際，又徒增喧囂，所以這些年連閒愁都沒有了。祇是避處一隅，默默活著。但避處與默默，並不是否定自己的存在。」本書記錄著他這些年個人生活的點滴，欣喜惆悵，悲歡離合都融於其中。

清靜的熱鬧——白馬湖作家群論　張堂錡／著

（中興文藝獎章得獎作品）

近幾年來，由於現代文學研究的日益深化，「白馬湖作家群」此一議題亦陸續提出。作者曾兩度造訪白馬湖，並獲得珍貴資料以完成此書。本書內容一方面以「人」為主體，討論這群作家所代表的文人型態、思想特質與人格；另一方面以「作品」為中心，討論其文學藝術、特別是散文方面的表現，力求展現這群作家在思想上與文學上的集體風貌。

與君細論文　黃慶萱／著

本書析評的範圍甚為遼闊，包括了小說天地、散文世界、詩與戲劇、文學批評、學術評論等。而行文語調也趨多元，常以析評對象性質的不同而不同。作者基本信念是：評論應以作品為客觀對象，修辭立誠，向讀者負責；這一點，確是作者永不改變的堅持。

河洛閩南語縱橫談　吳在野／著

本書是一本別開生面的閩南語研究，研究對象是目前「失字、訛寫」十分嚴重的閩南口語，因此特重於要如何將閩南語「寫」得正確。作者從「漢學、漢字、考證、宏觀」四方面來研究閩南話，再深入細察其與北京語、其他漢語方言的「對應」、「對比」關係。全書分十章，各自獨立且連貫，讓讀者能體察閩南口語的古老、典雅，相信能為閩南語研究提供 個新方向。

過　客　莊　因／著

本書內容，是以兩年前為香港才女吳瑞卿女士之彩色攝影配詩為主，輔以過去數年來在臺灣報紙副刊零散刊出之青澀小詩十數篇，集合而成。書之取名，即以散詩之一首同名「過客」者突出而得。